IBRASA
LIVROS QUE

Coleção "Sociologia e política"- 47

VOLUMES PUBLICADOS:

1. Nova Técnica de Convencer .... Vance Packard
2. Crimes em Desfile .... Gerald Sparrow
3. A Conquista do Prestígio Pessoal .... Vance Packard
4. Estratégia do Desperdício .... Vance Packard
5. Sociedade Nua .... Vance Packard
6. Vietnã: Herança Trágica .... A Schlesinger
7. Os Honrados Corruptos .... Walter Goodman
8. Negro: Dilema Americano .... Arnold Rose/Gunnar Myrdal
9. A Essência da Segurança .... Robert McNamara
10. Escalada para o Sucesso .... Vance Packard
11. A Arrogância do Poder .... W. Fullbright
12. A América Latina: Estruturas em Crise .... Claudio Veliz
13. Prisão Não Cura, Corrompe .... D. Sington/G. Playfair
14. Da Liberdade .... J. Stuart Mill
15. O Impasse do Democrata .... Edmond Cahn
16. Governos Constitucionais nos Estados Unidos .... Woodrow Wilson
17. Ensaios Políticos .... David Hume
18. Segundo Tratado Sobre o Governo .... John Locke
19. A Democracia em Ação .... Francis Hankin
20. Religião e Democracia .... Roy F. Nichols
21. A Mensagem de Lincoln .... Abraham Lincoln
22. O Governo Representativo .... Stuart Mill
23. Senso Comum .... Thomas Paine
24. Carta a Respeito da Tolerância .... John Locke
25. Escritos Políticos .... Thomas Jefferson
26. Moral para a Humanidade .... Herbert Schneider
27. Sobre a Natureza e Liberdade .... H. D. Thoreau
28. Sobre a Constituição dos Estados Unidos .... Hamilton/Madison/Jay
29. Escritos Políticos .... John Adams
30. Metamorfose da Liberdade .... Ubiratan B. Macedo
31. A Tradição Conservadora no Pensamento Americano .... Jay A Sigler
32. Os Estados Unidos e o Mundo .... Vários autores
33. Ideologia e Política Moderna .... Vários autores
34. O Governo de Nações Agitadas .... Charles W. Anderson
35. O Comunismo: Crítica Doutrinária .... Geraldo B. Menezes
36. Atire a Primeira Pedra .... J. M. Murtagh/Sarah Harris
37. O Animal Social .... Elliot Aronson
38. O Louco e o Proletário .... Emmanoel Todd
39. Liberalismo .... T. M. Greene
40. Utopia: Manual do Militante .... L. G. Teixeira
41. Técnicas de Campanha Eleitoral .... Carlos Figueiredo
42. Família, Trabalho, Política .... Univ. Vol. Intern.
43. Dominando a Vida, Manipulando os Homens .... Michel Schooyans
44. Liberalismo e Justiça Social .... Ubiratan Borges de Macedo
45. Raio X das Desigualdades .... Claude Armand
46. Império e Terror .... Gilberto de Mello Kujawski

LAZER E MINORIAS SOCIAIS

Victor Andrade de Melo

M486l MELO, Victor Andrade de.
Lazer e Minorias Sociais - Victor Andrade de Melo,
São Paulo: IBRASA, 2003
224p. - Biblioteca Sociologia e Política; 47

Bibliografia
ISBN *978-85-348-0228-4*

1. Minorias Sociais 2. Lazer 3. Cidadania 4. Cultura
5. Esportes 6. Comunidades
I. Título II. Série

CDU 323.1:379.8

Índice para Catálogo Sistemático:

Minorias Sociais:	323.1
Lazer:	379.8
Cidadania:	342.71
Cultura:	008
Esportes:	796

Maria José Oliveira
Bibliotecária: CRB 5641/8

LAZER
E
MINORIAS SOCIAIS

Victor Andrade de Melo

2ª Edição

IBRASA - Instituição Brasileira de Difusão Cultural Ltda.
São Paulo - SP

Direitos desta edição reservados à

IBRASA
INSTITUIÇÃO BRASILEIRA DE DIFUSÃO CULTURAL LTDA.

Rua 13 de Maio, 365/367
Tel/Fax: (0xx11) 3107-4100 / 3107-3513
e-mail: ibrasa@ibrasa.com.br
home page: www.ibrasa.com.br

Produção editorial:
Tania Jorge

Capa e Arte Final:
Antonio Carlos Ventura

Editoração Eletrônica:
Alpha Design

Revisão de:
Edna G. Luna

Publicado em 2009

IMPRESSO NO BRASIL - PRINTED IN BRAZIL

Toda minha gratidão: a meus orixás, deuses de uma religião que por natureza considera profundamente as diferenças; a minha mãe Vera Lúcia, por tudo e por ter me criado com um olhar feminino; a meus irmãos Vinícius, Guina, Fernando, Coriolano, Carlos, Edmundo e Dione, pelos momentos em que podemos vivenciar as diferenças pelas ruas das cidades; a Mônica Carvalho, pelo incentivo constante e pela amizade; a Fabinho, meu irmãozinho, pelo carinho e confiança; a Inês, "ai, amor, miragem minha, minha linha do horizonte, é monte atrás de monte, é monte, a fonte nunca mais que seca".

Este livro é dedicado a meu pai, uma homenagem que não tive tempo de fazer; e à cidade de Salvador, meu segundo amor depois do Rio de Janeiro.

Sumário

Apresentação

VIDA E PROFISSÃO: O LAZER NA PERIFERIA

Periférica. Não temo nem tenho como definir de outra forma minha relação com a temática "Lazer". De certa forma, minhas preocupações com o assunto aconteceram de maneira um tanto periférica, assim como minha vida tem muito de periferia.

Ao contrário da maioria dos colegas de turma, desde quando entrei na Faculdade de Educação Física nunca tive muita simpatia pelo campo de atuação do treinamento desportivo. Fui atleta sim, mas talvez por ter sido um medíocre praticante de esgrima (no sentido do campo esportivo, afinal nunca obtive bons resultados em competições, nem tampouco medalhas e vitórias significativas), nunca me encantou a possibilidade de ser técnico ou preparador físico de qualquer equipe. Além de tudo, confesso que não sabia bem o que estava fazendo naquela faculdade, embora gostasse muito do esporte e da atividade física em geral.

Assim, logo meus interesses foram direcionados para outros campos de atuação, e como bem cedo percebi que a escola não era "minha praia", desde os primeiros períodos estive envolvido com atividades profissionais ligadas ao lazer. Dessa forma, durante muitos anos trabalhei com tudo o que se possa imaginar no campo do lazer (colônias de férias, festas infantis, hotéis, atividades em logradouros públicos, preparação e coordenação de programas de lazer, consultoria), a serviço das mais diferentes instituições (universidade, empresas diversas, Sesc, Senac, prefeituras, organizações não governamentais).

Para desenvolver essas experiências, sempre procurei ter acesso e estudar o que estava sendo produzido na área do lazer, mas não tinha a pretensão de ser um pesquisador: antes procurava ser um consumidor atento à produção científica que cada vez mais crescia, em quantidade e qualidade. Até mesmo porque, naquele momento já estava envolvido com outro objeto de pesquisa: os aspectos históricos da Educação Física e do Esporte, assunto que consumiu de forma bastante prazerosa parte de minha vida.

Uma ligação ainda mais próxima com o assunto lazer se deu quando fui fazer o meu mestrado na Faculdade de Educação Física da Universidade Estadual de Campinas. Mesmo tendo realizado uma pesquisa histórica, desenvolvi meu curso na área de concentração "Estudos do Lazer", tendo, logo, acesso ainda mais privilegiado às discussões sobre o assunto.

Ao voltar do mestrado, passei a receber alguns convites para palestras e cursos sobre diversos aspectos do lazer e isso me despertou para a necessidade de não ser mais somente um consumidor de conhecimento, mas também alguém que poderia produzir algo, afinal cada vez mais o assunto foi incorporando-se em minhas preocupações profissionais.

Isso se acentuou ainda mais quando comecei a cursar meu doutoramento na Universidade Gama Filho. Embora meu tema de pesquisa estivesse mais diretamente relacionado à história, também estava bastante ligado ao lazer. Além disso, fui aprovado em concurso público para a Escola de Educação Física e Desportos da Universidade Federal do Rio de Janeiro, exatamente para trabalhar com disciplinas relacionadas ao assunto. Assim, Lazer e História passaram a dividir espaço em minha vida profissional. O que era periférico foi ganhando espaço cada vez maior.

Em certo sentido, também minha vida foi organizada em grande parte na periferia. Mesmo não podendo considerar-me pobre no contexto da sociedade brasileira, não há como negar que sou oriundo de uma família de "classe média quase baixa", tendo vivido parte significativa de minha vida em um bairro do subúrbio do Rio de Janeiro, no limite tênue entre o asfalto e o morro, na beira da marginalidade (encarada não no sentido pejorativo, mas sim no que está à margem).

Criado por uma mãe viúva, o que por certo me deu um olhar bastante feminino acerca do mundo, não por acaso já nos primeiros anos de Faculdade estava trabalhando em favelas do Rio de Janeiro, tarefa que sempre me encantou, a despeito das dificuldades. Estive por sete anos envolvido com três diferentes comunidades dessa natureza na cidade. Fui chegando da periferia e, como quem não quer nada, fui buscando um lugar para situar-me nessa sociedade tão eivada de diferenças e conflitos.

Dessa forma, na vida como na profissão (que sinceramente não creio que devam ser coisas separadas;

aliás, nunca o foram em minha existência), a periferia sempre me chamou a atenção e sempre canalizou meus esforços de atuação, tanto de intervenção (enquanto animador cultural), quanto de pesquisador. Tudo parece fazer sentido para mim. Estudar um assunto que ainda é periférico na universidade e na sociedade (o lazer), dando atenção especial aos que ainda são periféricos em relação ao assunto.

Esse livro tem um pouco disso tudo. Tem muito de minha vida e de minha história. Carrega em seu interior alguns anos de trabalho e reflexão. Traz em seu bojo a crença de que essa atual ordem social exatamente relega ao lazer (e à cultura) um papel periférico por entender o quanto são perigosos para a manutenção dessa mesma estrutura. Leva em seu interior a crença de que temos nas mãos um excelente objeto para intervir pedagogicamente na busca da construção de um novo conjunto de valores para essa sociedade e a percepção de que nesse esforço temos que estar bastante atentos aos que não podem dispor e ter acesso aos muitos bens culturais de que se pode desfrutar nos momentos de lazer.

O livro que ora apresento ao leitor é na verdade uma coletânea de artigos publicados no decorrer de minha carreira profissional. Todos têm somente um ponto em comum: a preocupação com o periférico, com as minorias, com o que está à margem. Sei que existe um desnível grande entre eles, afinal foram escritos em momentos diferentes, com intuitos diversos, com motivações diferentes. Se não servirem com um referencial extremamente aprofundado, espero que ao menos possam "levantar a bola" e chamar a atenção de assuntos que ainda continuam marginais, até mesmo entre os que pensam na marginalidade.

Cabe um agradecimento especial a todos os colegas membros do grupo de pesquisa "Lazer e Minorias Sociais",[1] organizado no âmbito da Escola de Educação Física e Desportos da Universidade Federal do Rio de Janeiro, por terem aceito o desafio de estudar temática tão complexa e espinhosa. Obrigado não só pelo estímulo constante e pela possibilidade frequente de nos engajarmos em ricas discussões, mas notavelmente pela amizade e pelo companheirismo que cada vez mais se constrói em nossa convivência cotidiana.

Já é longa essa introdução, já é hora de encerrar para começar. Mas não antes sem apresentar uma bela poesia. Só para celebrar. Celebrar a intensidade. A intensidade dos que acreditam na mudança e na perspectiva de que ela não pode somente partir do centro. Tem também que partir das "beiras". Uma poesia para celebrar a diferença sem desigualdade:

CIDADÃO, CIDADÃ
(Jorge Mautner/Nelson Jacobina)

Assim como é natural
O voo da borboleta
Assim como falta uma mão
No maneta

[1] Tal grupo possui interessados em discutir prostitutas, homossexuais, portadores de HIV, empregadas domésticas, portadores de deficiências, idosos, presidiários, entre outros. Maiores informações podem ser obtidas em: http://www.lazer.eefd.ufrj.br

Assim como não acho nada de anormal
No fato de você ser troca letra
Acho que se deve ser diferente
Não como toda a gente
Mas igualmente ser gente
Como toda essa gente
Deste país continente
E de todo o planeta

Assim como é lindo o pirata
Apesar de ser perneta
Com uma mão segurando a mão do grumete
E outra uma luneta
Dizendo que é natural
Que os anjos do juízo final
Toquem trombeta

(E vieram pelos espaços os anjos do senhor
E desceram como paraquedas azuis e transparentes
No meio do campo de batalha
Que era televisionado 25 horas por dia via satélite à cores
E no meio do sangue e da gasolina e dos horrores
Tocaram suas trombetas e derrubaram as muralhas de Jericó
Quem, quem, quem a não ser o som
Poderia derrubar a muralha dos ódios, dos preconceitos
Das intolerâncias, das tiranias, das ditaduras hereditárias
Dos totalitarismos
Das patrulhas ideológicas e do nazismo universal)

Acho que todo cidadão ou cidadã
Deve ter possibilidades de felicidade
Do tamanho de um super maracanã
E deve poder ser azul, negro ou cinza
Sorridente ou ranzinza
Verde amarelo e da cor vermelha
Deve-se somente ser
E não temer, viver
Pro que der e vier
Na nossa telha

Vivamos em paz
Porque tanto faz
Gostar de coelhos ou de coelhas

Como se diz no ditado popular: prato quente começa a se comer pelas beiras. Talvez isso tenha bastante sentido.

Boa leitura e obrigado pela companhia,

Victor Andrade de Melo

PRÓLOGO

LAZER E MINORIAS SOCIAIS

Durante muitas décadas, as discussões relativas à temática "lazer" não foram frequentes no Brasil, tanto no âmbito das instituições acadêmicas quanto no das organizações governamentais, já que o assunto era considerado de menor importância, muitas vezes até mesmo não reconhecido como um direito social como outro qualquer.

A partir da década de 60, este quadro começa paulatinamente a ser modificado. Inicialmente com uma maior visibilidade do assunto no campo de ação das universidades, com base na organização de grupos de pesquisa em diferentes áreas de conhecimento (entre as quais pode-se destacar as iniciativas advindas das Ciências Sociais, da Psicologia, da Comunicação Social e da Educação Física). Em comum entre essas diferentes reflexões, deve-se ressaltar a compreensão da característica multidisciplinar da temática, bem como a sua consideração como fenômeno a ser entendido como componente da cultura. Além disso, deve-se destacar a tendência de tratar o assunto de forma diacrônica, denunciando-se o caráter instrumental e funcionalista que permeou algumas das reflexões anteriormente realizadas.

As preocupações com o lazer, a partir da década de 80, começam também a timidamente fazer parte de forma mais estruturada de programas governamentais. Além de tímidas, observa-se uma constante incompreensão teórica ao redor da temática, com sua dissociação do âmbito da cultura e sua associação direta e linear ao esporte. De forma equivocada, não é incomum a existência de diferentes secretarias para a "Cultura" e para o "Esporte e Lazer", que aliás invariavelmente recebem menos verbas, já que ainda são consideradas de menor valor, como se fosse possível estabelecer rigidamente uma hierarquia de necessidades humanas. Mesmo entre os governos vinculados ao campo da esquerda pode-se identificar esse tipo de problema, embora experiências alvissareiras já possam também ser observadas.

Os anos 90 trazem ainda novas preocupações, na medida em que um novo mercado passa a desenvolver-se rapidamente, a exemplo do que já ocorrera na Europa e nos Estados Unidos. A indústria de "Lazer e Entretenimento" organiza-se rapidamente no país, destacando-se o crescimento do turismo e a consolidação do esporte como forte produto de negócios. Tal indústria tem sido apontada como uma das maiores possibilidades de negócios no milênio que está para iniciar-se.

A década de 90 traz também uma nova variável e um novo desafio. Com o avanço preocupante do desemprego a níveis ainda não vistos, como pensar o tempo do não-trabalho quando progressivamente se extingue o trabalho? De outro lado, também em decorrência de tal situação, começam a surgir no Brasil, por parte de algumas centrais sindicais, propostas de redução da jornada de trabalho. Haverá então mais tempo para os momentos de lazer? Dados do IBGE indicam que não: nos últimos dez anos cresceu significativamente o número de horas mensais trabalhadas no Brasil.

Quais repercussões tudo isto trará para os estudiosos e profissionais que atuam no campo do lazer? Com tantas variáveis, polêmicas e tamanha presença no contexto social, parece claro que mais do que nunca se faz mister que as universidades estejam atentas à temática lazer, garantindo a continuidade das discussões e fundamentalmente preocupadas em possibilitar uma melhor consideração do assunto por parte da população e dos poderes públicos constituídos.

Mais ainda, é necessário questionar um mercado claramente seletivo, somente acessível em toda a sua plenitude aos privilegiados economicamente, e a ação da indústria cultural, cada vez mais forte, propagando uma visão de cultura linear, superficial e unidimensional, restringindo as possibilidades de vivências de lazer da população e colocando em risco as manifestações tradicionais da cultura popular. Temos o grande desafio de tornar as atividades de lazer acessíveis a todos, de forma qualitativamente superior à que hoje encontramos, bem como o de conceber a intervenção no campo de ação do lazer como algo que possa contribuir para superar essa lógica social pautada na diferença e na desigualdade.

No que se refere à superação das diferenças e das desigualdades, podemos situar o surgimento de movimentos sociais que vêm lutando para que a sociedade possa considerar de maneira adequada as diversas formas e escolhas da vida em sociedade, sem preconceitos, estereótipos e discriminações. Mesmo muitas vezes correndo o risco de fragmentação da luta pela construção de uma nova ordem social, não podemos negar a importância e contribuição destes movimentos.

Estamos nos referindo a grupos que se organizam para protestar de diferentes formas com base no reconhecimento de que em um regime democrático é possível e necessário considerar a diversidade de expressões de interesses próprios, não contemplados em razão da intolerância e do controle social, econômico e cultural nas definição de normas gerais, por estarem diretamente ligadas aos intuitos de uma minoria conservadora e detentora do poder. Mas como podemos denominar de forma mais adequada esses movimentos e grupos? Minorias sociais seria um termo adequado?

O polêmico conceito de "Minorias Sociais", já criticado por alguns estudiosos, na verdade, contempla duas naturezas de definição: a) natureza númerica, isto é, grupos que possuem um menor número de membros; b) natureza de acesso ao poder, isto é, grupos que podem até ter um número elevado de membros, mas que têm menor acesso aos mecanismos de poder. Esses grupos podem também ser de natureza étnica (negros, por exemplo, característica genética) ou ativistas (aqueles cujo *status* é adquirido, fruto de uma opção).

Independente das polêmicas, adotamos o termo "Minorias Sociais" por acreditar que mesmo com seus limites é o que melhor designa grupos que por terem menor acesso aos mecanismos de poder sofrem interferências em suas formas de viver. Mais do que a questão do termo, estamos preocupados em definir bases teóricas, que possam nos possibilitar um acesso com maior rigor à multiplicidade e à complexidade desses grupos.

Entendemos que não estamos falando de grupos completamente homogêneos. Isto é, se há alguma identidade entre os membros dos grupos, pode haver trânsito de interesses, na medida em que os indivíduos fazem parte de agrupamentos diversos no decorrer de sua vida. Se os negros sofrem alguma forma de preconceito, é bem possível que esse possa ser menor se este negro for membro das camadas dominantes. Um homossexual negro pode sofrer um duplo preconceito, e isto é diferente do que sofre um branco homossexual. Os preconceitos se cruzam, muitas vezes se somam, dependendo mesmo do local e situação e das escolhas individuais. Uma pessoa pode estar ligado a um grupo em determinado momento, e nesse mesmo instante ter conflitos com outro grupo do qual também poderá vir a estar vinculado. Na verdade, estamos falando de um rico processo de construção das subjetividades, onde várias identidades estão em permanente confronto, tensão, diálogo.

Por trás das lutas, devemos perceber, encontramse mais do que questões simplesmente pontuais ligadas a cada grupo. De fato existe um todo conservador que concede certa coerência a todas as diferenciações e preconceitos. Assim, tais lutas de alguma forma incomodam e tensionam o todo, podendo e devendo ser encaradas como forma de contribuir para a superação deste *status quo*, trazendo, logo, também repercussão para bandeiras empunhadas por outros grupos.

Não acreditamos, assim, que a melhor estratégia de luta seja a de guetificação, isolamento, embora possamos entender que em determinadas vezes estes são os caminhos possíveis. Cremos que o fundamental é desenvolver uma nova maneira de vivência em sociedade, pautada não na homogeneidade, mas sim na tolerância e no reconhecimento das diferenças.

Logo, as lutas das diversas minorias sociais podem contribuir para a emergência necessária de conflitos que questionam certas regras e normas, sendo então uma possibilidade de dar um salto de qualidade na forma de encarar a sociedade.

De forma nenhuma, com base nesse ponto de vista, encaramos as minorias como passivas nesta ordem social. Os grupos entabulam resistências, traçadas de acordo com sua experiência concreta, muitas vezes estabelecidas de forma sutil e no cotidiano, como bem nos chama atenção Deborah Lupton(2000, p.15-48):

> *O termo resistência tal como é usado aqui não se refere somente a ações propositais, coletivas, dirigidas para fins políticos e em desafio explícito ao poder (...). A resistência, assim, inclui modos de contestar ou de não aceitar o conjunto de máximas estabelecidas para a vida cotidiana (...) Um espaço para a resistência pode, então, ser criado pela dissonância entre as experiências vividas pelos indivíduos e a versão oficial de tais experiências ou de interstícios entre experiência e representação.*

Cabe-nos estar atentos, preparados para ouvir, dispostos a compreender, superando os preconceitos que existem dentro de cada um de nós, que acabam por conduzir a distorções na forma de encarar as diversas organizações sociais. Trabalhar com as minorias significa também um esforço de superação individual de cada profissional. Afastamos, assim, qualquer tipo de postura vanguardista de atuação.

É importante também que possamos compreender que resistência e adequação andam sempre em conjunto no âmbito sociocultural. Mais uma vez fazendo uso das palavras de Lupton (2000 p.15-48):

> *[...] os sujeitos não são integralmente governados pelo discurso, nem inteiramente capazes de sair fora dele. Ao contrário há uma contínua luta em torno o significado; a governalidade tanto permite a construção da subjetividade e do processo de corporificação quanto, de certa forma, age para constranger tais processos [...] Poderia se dizer que se trata de um* continuum *ao longo do qual a resistência, ou a construção de alternativas, é consciente, indo de lutas de oposição radicais plenamente conscientes – tanto no nível do grupo quanto do indivíduo – até o inconsciente, no qual a resistência ocorre através de impulsos e desejos emocionais e não precisa necessariamente ser reconhecida ou enunciada*

> *pelo sujeito como resistência. É preciso reconhecer também uma dimensão não consciente das práticas do eu, nas quais comportamentos são impostos através do* habitus *e são executadas automaticamente.*

O que procuramos apresentar neste livro são nossos esforços de contribuição para, e em conjunto, com essas importantes lutas, ao nos aproximarmos da melhor forma possível da realidade desses grupos, de acordo com nosso interesse específico na temática lazer.

Capítulo 1

LAZER E CAMADAS POPULARES: REFLEXÕES BASEADAS NA OBRA DE EDWARD PALMER THOMPSON

Nenhuma categoria histórica foi mais incompreendida, atormentada, transfixada e des-historicizada do que a categoria de classe social; uma formação histórica autodefinidora, que homens e mulheres elaboram a partir de sua própria experiência de luta, foi reduzida a uma categoria estática, ou a um efeito de uma estrutura ulterior, dos quais os homens não são os autores mas os vetores.

(Thompson, 1987a)

Introdução

Numa perspectiva histórica, não é tarefa das mais fáceis reconstruir as vivências de lazer nas camadas populares, pois, mesmo que os estudos relacionados a tais camadas tenham avançado significativamente nas duas últimas décadas, os dados relativos às peculiaridades de seu cotidiano ainda carecem de aprofundamento. Até mesmo a obtenção de fontes que permitam acesso a esses dados se constitui em problema, pois na maioria das vezes é representação das elites e não depoimentos específicos de membros daquelas camadas:

> *No caso brasileiro, tal como na Europa, as condições operárias foram enfocadas a partir do aspecto físico e moral, através de relatórios de médicos, inspetores, sanitaristas. [...] Os depoimentos e análises de operários são extremamente raros, onde ex-escravos, migrantes rurais e imigrantes europeus eram, na sua maioria, analfabetos. [...] Os trabalhos sobre os operários negligenciaram o estudo das condições de vida. (LOBO, STOTZ, 1985, p.61-86)*

No caso brasileiro, ainda se deve levar em conta que a formação da classe operária se deu de forma diferenciada da inglesa, o que muitas vezes nos impõe cuidados na formulação e compreensão de tal categoria; se é que até mesmo podemos falar, nesse caso, em categoria propriamente dita.

Contudo, mesmo com dificuldades, é possível resgatar indícios da presença e participação das camadas populares no cotidiano. Mais do que problemas, em certo sentido, operacionais, deve-se também estar atento para o elencar de um referencial teórico que possa dar conta da compreensão mais elaborada da complexidade da tensão que se estabelece entre as classes/camadas sociais, em que se deve tomar cuidado com as abordagens mecânicas e lineares, tanto do ponto de vista histórico, quanto das compreensões contemporâneas.

Este capítulo tem por objetivo recuperar algumas importantes contribuições do pensamento de Edward Palmer Thompson, que possam servir como inspiração teórica para estudos dedicados a desvendar as peculiaridades das vivências de lazer nas camadas populares. Para tal, procedeu-se uma análise de algumas das principais obras do referido autor, com destaque para um de seus livros mais importantes: "*A formação da classe operária* (Rio de Janeiro: Paz e Terra, 1987 ª. 3v.).

Espera-se que este capítulo possa contribuir para tornar mais efetivo nossos esforços de desvendar as múltiplas dimensões do lazer em uma sociedade estratificada como a nossa, também contribuindo para reelaborações no âmbito da Teoria do Lazer.

Quem foi Edward Palmer Thompson?

Para Harvey J. Kaye, E. P. Thompson foi um dos maiores historiadores de nosso tempo e *A formação da classe operária* é um dos livros mais importantes da história social. Segundo Fenelon (1995, p.77-93), é um manifesto poético para a reconstrução da história da classe trabalhadora e dos oprimidos.

Thompson foi um dos primeiros a abrir dentro/com base no marxismo caminhos para a percepção da cultura como dimensão fundamental de luta e tensão[1].

[1] "*Na história de inspiração marxista, o desvio para cultura já estava presente na obra de Thompson [...]*. HUNT, Lyhn. *A nova história cultural.* São Paulo: Martins Fontes, 1992. p.6)

Longe de negar a importância dos fatores materiais, o autor entretanto não acredita em uma relação hierárquica entre uma infraestrutura (econômica) que determinaria linearmente uma superestrutura (cultural).

Criticando o determinismo, o reducionismo economicista e o racionalismo excessivo de algumas interpretações marxistas, Thompson pretendeu resgatar uma tradição do marxismo em que o sonho, a fantasia e o desejo, até mesmo quando de uma compreensão estética, pudessem ser ressaltados e resgatados. Crítico de maniqueísmos e de uma compreensão coreografada na qual o bem iria para a esquerda e o mal para a direita, para Thompson razão e desrazão são limítrofes. Parece sugerir algo mais sutil: um racionalismo mais sensível.

Fonte de inspiração para muitos historiadores, Thompson esteve entre os primeiros a preocupar-se com uma história que atendesse aos anseios das massas que não têm voz, considerando-os também como protagonistas da história.

O conceito de classe social desenvolvido por Thompson está entre suas principais contribuições teóricas. Ao questionar algumas concepções que compreendem os homens como produtos completamente concebidos pelas forças materiais, Thompson procura recuperar em Marx a tese de que o povo se educa em sua própria práxis, como sujeito da história. Assim, a classe não pode ser isoladamente definida pelo local que o sujeito ocupa nas relações de produção, mas deve ser também compreendida com base no acesso que o indivíduo teve a determinados valores: a sua experiência. Para o autor, no termo *luta de classes*, devemos considerar que a *luta* surgiu antes da *classe*; foi a *luta* (a experiência) que construiu a *classe*.

Para Thompson, a categoria experiência revela-se como central. É somente pela experiência que o indivíduo desenvolve e incorpora valores. E tais valores não podem ser compreendidos apenas como uma imposição, mas como criação e luta, resistência e subjetivação. Nos costumes, no cotidiano, encontrariam-se férteis exemplos de resistência e luta; não somente nos fóruns institucionais.

Isso não significa dizer que todas as ações do cotidiano sejam em si de luta/resistência, nem tampouco afirmar que as diferentes camadas sejam homogêneas. Muito pelo contrário, o autor chama a atenção para que verifiquemos e compreendamos incoerências e limites no interior das camadas a serem estudadas.

Na verdade, o autor postula uma compreensão dialética da relação entre o ser social (a posição que ocupa nas relações de produção/forças condicionantes da trama) e a consciência social (compreensão cultural/o sujeito exercendo sua própria vontade). Assim, para o autor, consciência de classe é *[...] a maneira pela qual essas experiências (de relações produtivas) são manipuladas em termos culturais, incorporadas em tradições, sistema de valores, ideias[...]*.(THOMPSON, v.1,p.10)

Thompson (v.1,p.9), então, define classe como um:

> *Fenômeno histórico, que unifica uma série de acontecimentos díspares e aparentemente desconectados, tanto na matéria-prima da experiência como na*

> *consciência. Não vejo a classe como uma "estrutura", nem mesmo como uma categoria.*

Inspirado nas considerações de Thompson, e considerando as peculiaridades brasileiras, temos utilizado em reflexões o termo "camadas populares", para evitar comparações com o que se compreende como consciência da classe operária, entendida no sentido clássico do marxismo. Assim, considero que o conceito de "camadas populares" engloba gente de baixa condição social, empregada ou não, que articula uma identidade com experiências aparentemente díspares (mas comuns), nem sempre nos moldes clássicos da política (partido, sindicatos etc.), com base nas relações com as camadas dominantes e da necessidade de resistir às suas imposições, por meio de uma formação cultural própria; subalterna, mas de forma alguma inferior.

É POSSÍVEL PENSAR O LAZER A PARTIR DO PENSAMENTO DE THOMPSON?

Inspirado em Thompson, o historiador José Carlos Barreiro critica como na historiografia brasileira a tese da *passividade da cultura popular* imperou, normalmente com base na consideração de que as condições materiais "atrasadas" tenham conduzido à formação de ideias "fracas" e "deformadas". Assim, Barreiro sugere que a compreensão de Thompson possa ser de grande valor para repensarmos a questão:

> *É possível que uma abordagem de tal natureza estimule pelo menos a reflexão sobre o que foi a prática política das "camadas populares" brasileiras a partir do resultado da complexa combinação entre suas formas menos estruturadas de pensamento (mitos, ideias simples, tradição) com as chamadas "ideologias derivadas" ou sistemas "mais estruturados" de ideias (direitos do homem, laissez-faire) etc.* (BARREIRO, 1995, p.57-75)

Observe como o pensamento de Barreiro, inspirado em Thompson, abre perspectivas para se pensar os momentos de lazer: compreender como as camadas populares articulam cultura oral e escrita para construir uma prática política cotidiana, que pode incorporar ou não os padrões culturais que as camadas dominantes apresentam.

São as palavras do próprio Thompson (v.1, p.61), que nos faz perceber a abertura de uma boa perspectiva de abordagem:

> *Precisaríamos de mais estudos sobre as atitudes sociais dos criminosos, soldados e marinheiros e sobre a vida de taberna; e deveríamos olhar as evidências, não com os olhos moralizadores (nem sempre os 'pobres de Cristo' eram agradáveis) mas com olhos para os valores Brechtianos — o fatalismo, a*

> *ironia em face das homilias, do* establishment, *a tenacidade da autopreservação. E devemos também lembrar o submundo do cantor de baladas e das feiras, que transmitiu tradições [...] pois desta forma os "sem linguagem articulada" conservam certos valores — espontaneidade, capacidade para diversão e lealdade mútua.*

A vida festiva tem então seu valor reconhecido pelo autor, não só como válvula de escape, mas como manutenção da pressão, da coesão, também como subversão. Nesse sentido, podemos considerar os momentos de diversão como fruto de luta social, não somente pelo já apontado, como também por carregar em consonância elementos de manutenção da ordem e de subversão do trabalho e da lógica de produção. Mais ainda, como importante campo de vivência cultural seria local privilegiado para compreender como o erudito e o popular se cruzam: a *circularidade* da cultura.

Barreiro (1995, p.68) apresenta ainda outro argumento importante:

> *A análise desses espaços sociais pode ensejar o acesso a fragmentos importantes da vida cotidiana do homem comum [...] significa dar um passo decisivo no trabalho de reconstituição da memória cultural [...].*

Enfim, creio que a obra, as propostas e o pensamento de Thompson[2] sejam bastante interessantes para ampliar nossas compreensões sobre o lazer e as camadas populares. Resumidamente: [3]

> *Thompson propõe uma outra maneira de buscar e investigar as "experiências" dos trabalhadores, não apenas em suas relações econômicas, mas nos seus modos de vestir e de morar, de comemorar, de festejar, de cantar, de transmitir suas tradições orais, de viver com elas ou de resistir às transformações também como vivência cotidiana, em seu dia-a-dia, e esta é uma nova maneira de ver a luta de classes em seu processo histórico* (FENELON, 1995, p.86).

---

[2] Para uma compreensão mais aprofundada sobre a obra de Thompson, além das referências já citadas, sugiro: THOMPSON, E. P. *A miséria da teoria*. Rio de Janeiro: Zahar, 1981; THOMPSON, E. P. *Senhores e caçadores: a origem da lei negra*. Rio de Janeiro: Paz e Terra, 1987*b*; THOMPSON, E. P. O tempo, a disciplina do trabalho e o capitalismo industrial. In: SILVA, Thomaz Tadeu da. *Trabalho, educação e prática social*. Porto Alegre: Artes médicas, 1991. p. 44-91; PALMER, Bryan D. *Edward Palmer Thompson: objeções e proposições*. Rio de Janeiro: Paz e Terra, 1996; DESAN, Suzanne. Massas, comunidade e ritual na obra de E.P. Thompson e Natalie Davis. In: HUNT, Lyhn. *A nova História Cultural*. São Paulo: Martins Fontes, 1992. p. 63-96. Também a *Revista Projeto História*, n° 12, editada pelo Programa de Pós-Graduação em História da Pontifícia Universidade Católica de São Paulo (PUC-SP), totalmente dedicada a discutir o autor.

---

[3] A obra do autor traz grandes contribuições para se pensar o exercício historiográfico e o papel do historiador, que nesse texto não foram profundamente abordadas. Maiores informações podem ser obtidas nos estudos citados e no livro: THOMPSON, E. P. *A miséria da teoria*. Rio de Janeiro: Zahar, 1981.

Segundo o autor, na Inglaterra do fim do século XVIII, a experiência da Revolução Francesa conduziu a uma grande preocupação das camadas dominantes com a organização das camadas populares, reflexo possível daquele acontecimento. Além disso, já estavam sendo gestadas formas divergentes de pensamento tipicamente inglesas.

Ao despertar da consciência das camadas populares, em que se destaca a organização das classes trabalhadoras, sucedeu-se uma série de propostas e ações de controle, que iam desde a melhoria da eficiência da ação policial, passavam pelo implemento de organizações humanitárias (destinadas a amenizar as diferenças), mas fundamentalmente se localizavam no aumento do rigor de normas sociais. Tratava-se de manipular e reformular códigos culturais, à busca de controle.

Além das preocupações com a "rebeldia" que grassava na sociedade, havia a necessidade de impor uma disciplina rígida de trabalho fabril, um processo mais difícil e tenso do que muitas vezes costumamos considerar. Não foi fácil adequar as camadas populares ao novo modelo de trabalho e poucos não foram os conflitos. [4]

---

[4]-O autor observa que a princípio houve até mesmo uma certa aliança entre burguesia e proletariado contra o Império e a velha aristocracia, por busca de maior liberdade. No entanto, com a Revolução Industrial, logo tal aliança se desfez e se instituiu uma profunda separação de classes. Uma abordagem bastante interessante sobre os conflitos e as resistências ao novo modelo pode ser obtida em: THOMPSON, E. P. O tempo, a disciplina do trabalho e o capitalismo industrial. In: SILVA, Thomaz Tadeu da. *Trabalho, educação e prática social*. Porto Alegre: Artes médicas, 1991.

Havia, enfim, a necessidade de implementar uma nova disciplina, um novo controle do tempo, adequados ao novo modelo de produção:

> *Nas regiões industriais, podia-se observá-la na expansão da disciplina fabril, condicionada pela campainha e pelo relógio, do trabalho às horas de lazer, dos dias úteis ao Sablath, e também nas tentativas de repressão do 'domingo do sapateiro', das feiras e dos feriados tradicionais* (THOMPSON, v.2, p. 294).

Nesse processo, as autoridades cada vez mais passam a preocupar-se com: *"[...] as tabernas, feiras e quaisquer grandes concentrações de gente – fonte de ociosidade, rixas, sedição ou contágio* (THOMPSON, v.1, p.60). As diversões eram encaradas como potencialmente perigosas por serem perturbadoras da ordem social e o crescimento da repressão a tais atividades coincide com o aumento da tensão entre trabalhadores e patrões/Estado.

Por que eram consideradas tão "perniciosas"? Primeiro porque se opunham a lógica do trabalho extenuado proposto pela burguesia inglesa, lembrando muito os antigos estilos de vida da população. Como afirma o autor: "O processo de industrialização precisa impor o sofrimento e a destruição de modos de vida estimados e mais antigo, em qualquer contexto social concebível"(v.2, p. 29).

Além disso, os divertimentos se tornavam perigosos na medida que permitiam a congregação de pessoas que sofriam com as mesmas contradições sociais e os mesmos problemas. Essa parece ser uma reflexão bastante interessante do autor. Se é o mundo do trabalho, da forma que estava sendo concebido pela nova organização fabril, que acirra as diferenças e incomoda o trabalhador, é no mundo do não-trabalho que esse sente ainda mais profundamente as consequências desse processo, que pensa sobre sua situação e que se organiza para tentar revertê-la.

Não por acaso as autoridades se empenharam em controlar e proibir feiras e tabernas: nelas os reformadores se reuniam para articular suas ações, tornando-as verdadeiros focos de preparação da resistência política; além de em si serem uma forma de resistência por estarem ligadas ao antigo estilo de vida das camadas populares, à manutenção de velhas tradições. Vejamos como o autor ressalta a importância das tabernas:

> *Além disso, sabemos que as seções nem sempre se encontravam aos domingos em casas particulares: muitas seções, nos bairros mais pobres, eram expulsas de taberna para taberna. E o relato de W. H. Reid sobre as reuniões do clube no final dos anos 1790 – com "canções onde o clero era tema constante de insultos, cachimbos e tabaco, as mesas forradas com publicações de 1, 2, 3 penies" parece tão plausível* (THOMPSON, v.1, p. 171).

A burguesia sentia, logo, a necessidade de controlar o tempo do não-trabalho, ainda que inicialmente esse fosse um tempo bastante restrito pela enorme jornada de trabalho e pelas péssimas condições de vida. Aliás, não se pode negligenciar que a industrialização não só aumentou a miséria, como reduziu o tempo e o espaço de diversão. Critica Thompson (v.2, p.65):

> *[...] todas aquelas novas estradas, atrás das propriedades do Sr. Extorsão, do Sr. Roubo e do Sr. Unha-de-fome [...] eram antes campos abertos, onde as crianças costumavam brincar aos oito, nove, dez, onze e doze anos de idade, e passavam o tempo montando armadilhas, jogando críquete, bola, bolas de gude [...] e agacha-agacha.*

Thompson afirma que havia uma compreensão da burguesia de que a pobreza era fundamental para manter o trabalhador muito ativo. O raciocínio era: se o trabalhador tiver muito dinheiro, ele trabalha menos e preenche o tempo livre com futilidades.

Nesse sentido, o autor rechaça até mesmo os que consideram que o declínio das práticas lúdicas tradicionais se deu devido à crescente urbanização, que teria estabelecido uma substituição dos antigos valores rurais. Para ele, isso é contestável até mesmo pelo fato de que a princípio as cidades eram extremamente "rurais" na sua formação cultural. O que estava por trás do declínio das práticas lúdicas tradicionais era efetivamente as estratégias de controle entabuladas pelas camadas dominantes.

Enfim, o controle do tempo de não-trabalho passou a ser compreendido como uma dimensão fundamental para garantir o "progresso":

> *Nos anos 1790, ocorreu algo como uma "Revolução Inglesa", de profunda importância para moldar a consciência do operariado [...]. É verdade que o impulso revolucionário foi reprimido nos seus primórdios [...]. O pânico contrarrevolucionário das classes dirigentes se expressava em todas as facetas da vida social: nas atitudes frente ao sindicalismo, à educação do povo em suas maneiras e diversões, às suas publicações e sociedades, e aos seus direitos políticos* (THOMPSON, v.1, p. 195)

Para tal, as autoridades, mais do que ampliar o controle jurídico, estabeleceram uma aliança tácita e contaram com a ajuda da religião. O metodismo ampliou significativamente sua influência no operariado, imprimindo uma lógica de vida aproximada à do novo trabalho fabril, em que se destacava a utilização do pecado como arma central de controle. Tratava-se de disciplinar o trabalhador levando a coerção para o interior de cada indivíduo, afinal, propugnava-se, a felicidade só pode ser encontrada no trabalho e em Cristo:

> *Visto que o mundo é a antessala da eternidade, assuntos profanos tais como*

> *a riqueza e a pobreza têm pouca importância: o rico poderia demonstrar que havia recebido a graça, servindo à igreja (sobretudo construindo capelas para seus próprios empregados). Os pobres podiam considerar-se afortunados por serem menos "tentados pelo desejo da carne e dos olhos e pelo orgulho da vida"* (THOMPSON, v.2, p. 243).

Dessa forma, os metodistas muito se empenharam para controlar o tempo do não-trabalho, combater e destruir os divertimentos populares, afinal se o trabalho era considerado uma virtude e obrigação suprema, devia-se, se não eliminar o tempo de ócio, substituí-lo pela prece e oração. Não surpreende então que um marinheiro, começando a frequentar a religião, pedisse perdão por ter, na juventude, participado de:

> *[...] corridas de cavalos, vigílias, bailes, feiras, [...] casas de jogos, e mais, tanto ele esquecera o temor a seu criador e os conselhos de sua mãe que várias vezes se intoxicou com cerveja. Gostava de cantar canções profanas, contar piadas e fazer comentários jocosos e burlescos* (THOMPSON, v.1, p.60).

Uma das estratégias mais eficazes de controle do tempo de não-trabalho era a implementação de escolas religiosas dominicais:

> *Na Escola de Wesley, em Kingwwod, somente eram permitidas "recreações" produtivas, como partir lenha, cavar e coisas semelhantes, posto que os jogos e brincadeiras eram "indignos de uma criança cristã"* (THOMPSON, v.2, p.256).

Perceba como também é destacável o oferecimento de divertimentos que, aparentemente similares, na verdade, eram uma desapropriação das antigas atividades das camadas populares. Retirava-se tais atividades de seu sentido original, as quais eram "re-oferecidas" às camadas populares com uma lógica completamente diferenciada. Nesse movimento podemos situar as ações contra as práticas "sanguinárias" (touradas, brigas de galo etc.); o surgimento e valorização do esporte, compreendido em seu sentido moderno; a criação do movimento escoteiro, entre outros[5].

Reflexos desse tipo de intervenção direta da religião nos momentos de lazer podem ser sentidos claramente ainda nos dias de hoje, quando, por exemplo, a Igreja Católica critica a continuidade do carnaval para além da quarta-feira de cinzas ou apresenta restrições ao aproveitamento dos domingos para os divertimentos. Veja com é esclarecedora a fala de Dom Eugênio Salles (1998, p.7), cardeal do Rio de Janeiro:

---

[5]·Cabe lembrar que futuramente, com a conquista de maior tempo disponível, fruto das próprias lutas dos trabalhadores, a burguesia dá seguimento a esse processo com o capitanear e forjar de um mercado de lazer, que além de lhe garantir lucros diretos, permite a continuidade de manipulação de códigos culturais de acordo com seu interesse.

> *Na sociedade moderna ocupa cada vez mais espaço o aproveitamento do tempo livre. As férias movimentam multidões em busca de lazer. Ele cresce em importância [...]. Entretanto, surgem ocupações com prejuízo da vida religiosa. Como tudo em um ambiente onde Deus e os valores espirituais são relegados a um segundo plano, ou simplesmente desprezados, o descanso dominical cede seu lugar ao lucro, ao dinheiro, às recreações profanas.*

O referido religioso, de perfil reconhecidamente conservador, apresenta a religião como uma grande restrição às vivências de lazer, como se Deus, os valores espirituais e a diversão guardassem oposição a tais atividades. A compreensão da restrição fica ainda mais clara quando afirma: "Nós obedecemos assim a Deus através da Igreja; essa obrigação não depende do nosso gosto, não somos livres de ir ou não ir. É uma imposição do Senhor e não uma opção nossa" (SALLES, 1998, p.7).

Todavia, alguns setores da Igreja também parecem aprender os mecanismos de manipulação das atividades lúdicas, de forma a arrebanhar fiéis. Tal fenômeno, que teve início em religiões de origem protestante, recentemente também foi incorporado pela Igreja Católica, com seus muitos padres recordistas de vendas de CD's e lançadores de modas e coreografias.

Quero chamar a atenção, todavia, para que, no caso brasileiro, consideremos com maior cuidado a influência da religiosidade. Devemos lembrar que já no século XIX paulatinamente pode ser observável um declínio da influência religiosa na sociedade (vale lembrar que mesmo o carnaval do Rio de Janeiro, por exemplo, é em grande parte originário das antigas festas religiosas de largo).[6]

Além disso, devido às próprias características da sociedade brasileira, na qual se destacam as dimensões do ecletismo e do sincretismo, e à existência de múltiplas formas de compreender a religiosidade (até mesmo com a presença constante de religiões não cristãs, como de origem indígena e afro-brasileira), tal influência tem um caráter em certo sentido diferenciado.[7]

De qualquer forma, retornando ao pensamento de Thompson, não se pode negar a influência do pensamento religioso:

> *As pressões em favor da disciplina e da ordem partiam das fábricas, por um lado, e das escolas dominicais, por outro, estendendo-se a todos os demais aspectos da vida: o lazer, as relações pessoais, a conversação e a conduta [...]. As diversões dos pobres foram alvo de uma forte oposição religiosa e legal, e*

6. Para os que desejarem maiores informações, sugiro o estudo: SOIHET, Rachel. *A subversão pelo riso : estudos sobre o carnaval carioca da Belle Époque ao tempo de Getúlio.* Rio de Janeiro: Editora da Fundação Getúlio Vargas, 1999.

7. Procurei desenvolver mais aprofundadamente tal discussão no seguinte trabalho: MELO, Victor Andrade de. *"Cidade Sportiva": o turfe e o remo no Rio de Janeiro (1849-1903).* Rio de Janeiro: UGF, 1999. Tese (Doutorado em Educação Física).

> *até mesmo as mais inócuas foram consideradas impróprias* (THOMPSON, v.2, p.292-93).

Por certo nesse processo de controle do tempo do não-trabalho, vários trabalhadores, principalmente os cooptados por cargos de chefia (simulacros da autoridade real da burguesia), internalizaram muito das diretrizes pós-Revolução Industrial e se afastaram das atividades populares de divertimento. Entretanto, deve-se ressaltar que, mesmo com enormes restrições, as camadas populares mantinham bastante de seu antigo estilo de vida exatamente nas suas atividades de diversão. Seu momento de lazer era, não obviamente no sentido clássico da política, uma forma de resistência, à qual a burguesia estabelecia estratégias de contrarresistência. Segundo o autor:

> *Tratava-se de uma resistência consciente ao desaparecimento de um antigo modo de vida, frequentemente associada ao radicalismo político. Nesta mudança, a perda do tempo livre e a repressão ao desejo de se divertir tiveram tanta importância quanto a simples perda física dos direitos comunais e dos locais para recreio* (THOMPSON, v.2, p.300).

Com isso não se deve acreditar que todas as práticas de lazer tinham um sentido explícito de resistência. Muitas eram formas de diversão em si e não devemos ver de forma ingênua tal participação das camadas populares. De qualquer forma, mesmo as formas menos explícitas de resistência, poderiam carregar em seu interior algum grau de contraposição, na medida em que se oporiam ao trabalho extenuante. Mas, ainda assim, devemos levar em conta a já dita capitalização do mercado de lazer. Logo, devemos sempre ter em vista a tensão constante, em que a resistência, a cooptação e a heterogeneidade das camadas sociais parecem ocupar espaço central para análise da complexidade da questão.

O que Thompson nos chama a atenção é para que possamos perceber melhor como no cotidiano se estabelecem importantes formas de resistência, muitas vezes manifesta na forma de desordem, deficiência, indisciplina. Para ele, isto está diretamente ligado ao próprio processo de autofazer-se das camadas populares, aliás uma das dimensões centrais do pensamento do autor: "O fazer-se da classe operária é um fato tanto da história política e cultural quanto da econômica [...] a classe operária formou a si própria tanto quanto foi formada" (v.2, p.17).

Logo, esses momentos de resistência no âmbito da cultura são considerados por Thompson (v.1, p.62), como de grande importância:

> *E devemos também lembrar o "submundo" do cantor de baladas e das feiras que transmitiu para o século XIX [...] pois dessa forma os "sem linguagem articulada" conservaram certos valores — espontaneidade, capacidade para a*

diversão e lealdade mútua — apesar das pressões inibidoras de magistrados, usineiros e metodistas.

Assim, o autor apresenta o que considero uma fértil possibilidade de pensar os momentos de lazer, sempre com base nas lutas simbólicas que se estabelecem, sempre de acordo com a tensão entre resistência e contrarresistência. Mesmo nos dias de hoje, com a forte ação da indústria cultural, essa não é suficiente para destruir definitivamente as formas de diversão popular, tanto pela eliminação/restrição direta quanto pela distorção de seus sentidos originais. Thompson recupera, na verdade, a compreensão de que houve um processo de "circularidade cultural". Existe um processo constante e tenso de mútua (e múltipla) influência entre dominados e dominadores.

Dois pontos em especial da consideração anterior merecem destaque e estão presentes na obra de Thompson. O primeiro se refere ao próprio papel dos intelectuais. O autor mostra que muitos intelectuais, em um primeiro momento, sob o pretexto de acreditarem na "boa vontade" reformista, aderiram a algumas iniciativas da burguesia, abandonando tal envolvimento quando perceberam os limites da reforma proposta.[8]

Passaram então a envolver-se com as iniciativas das camadas populares, à busca de libertação; o que não

[8] É importante destacar que o autor chama a atenção para a origem do pensamento da classe operária que não estava exatamente no marxismo, mas em dissidentes religiosos e liberais libertários.

significa que tais iniciativas já não existissem antes de tal adesão. Ora, se as camadas populares, destacadamente a classe operária, vivenciaram um processo ativo de autofazer-se, não se pode compreender suas ações somente com base na influência de membros de outra camada social.

Por certo, os intelectuais reformadores tiveram importância e influência. Vejamos uma reflexão de John Thewall (v.1, p.175), um dos principais teóricos reformadores[9], ao criticar a distribuição de rendas, o monopólio de terras e a acumulação de capital:

> *Afirmo que cada homem e cada mulher, e cada criança deve obter algo mais na distribuição geral dos frutos do trabalho, além de alimento, farrapos e uma miserável rede com uma manta pobre a cobri-la; e isso, sem ter de trabalhar doze ou quatorze horas por dia, dos seis aos sessenta anos. Eles têm uma reivindicação, sagrada e inviolável reivindicação [...] por pouco de comodidade e divertimento [...], por algum tempo livre razoável para essas discussões, e por alguns meios ou informações que possam levá-los à compreensão dos seus direitos.*

---

[9]Nesse livro, *Os direitos da natureza,* Thelwall procura ampliar as considerações do influente *Direitos do homem,* de Tom Paine. O autor já aponta entre as reivindicações a necessidade de redução da jornada de trabalho para 8 horas. Segundo Thompson (*v*.1, p. 176): "Thelwall levou o Jacobinismo às margens do socialismo; levou-o também às margens do revolucionarismo".

Contudo, é importante perceber também que mesmo os reformadores, em certo sentido, da mesma forma procuraram moralizar o aproveitamento do tempo disponível, ainda que tivessem objetivos diferenciados dos da burguesia/igreja/Estado:

> *Os efeitos morais da Sociedade eram realmente muito grandes. Induzia os homens a lerem livros, ao invés de gastarem seu tempo nas tabernas. Ensinava-os a pensar, a se respeitarem e a desejar educar seus filhos. Elevava-os em suas próprias opiniões.* (WALLAS, v.1, p.170).

Ora, se tal atitude de alguma forma ampliava as possibilidades de lazer dos envolvidos, por ampliar sua capacidade cultural, também, além de desconsiderar as tradições existentes, acabava impondo uma lógica próxima ao trabalho no próprio momento de lazer. Quem disse que os livros são sempre mais efetivos que as tabernas no desenvolver da consciência? Obviamente não se trata de colocar em oposição tabernas e livros, mas exatamente ao contrário: afirmar que tanto livros quanto tabernas têm potenciais educativos, mesmo que diferenciados, e não podem ser negados.

Nesse sentido, penso que devemos tomar muito cuidado com nossas intervenções enquanto profissionais de lazer. No âmbito das camadas populares existem resistências no cotidiano e caberia ao profissional, evitando sentimentos de vanguardismos exacerbados, basear-se nessas resistências em sua ação de animação cultural, que deve ser encarada como uma intervenção de mediação e negociação, nunca de desconsideração das peculiaridades do local.

Outro ponto ao qual é necessário chamar a atenção é o que chamarei de "paradoxo da cultura". Ao mesmo tempo em que a cultura é utilizada como forma de resistência, ela também é manipulada na busca de estabelecer e ratificar a dominação. Ao mesmo tempo que a música servia para chacotar de elementos da burguesia e da igreja, — "Em Lincolnshire, cantores de baladas eram pagos, e postados no final das ruas para cantar a ruína dos jacobinos [...]", (THOMPSON, v.1, p.145) — era também utilizada no interior das igrejas para propagar as mensagens religiosas que interessavam à sacralização do controle social. A tensão é constante.

Além disso, a compreensão da existência de resistências no âmbito da cultura não deve significar negligenciar as formas clássicas de organização política. O autor ressalta, por exemplo, que além das iniciativas menos formais de manutenção dos estilos de vida tradicionais, existiram claras iniciativas de reivindicação de redução da jornada de trabalho, até mesmo sob o argumento de aliviar a situação das crianças e mulheres, o que de alguma forma também reduziria o desemprego e geraria mais postos de trabalho.

O que Thompson, na verdade, tenta compreender, e essa me parece uma consideração fundamental, é a articulação entre política, cultura e economia no processo de autoforjar-se da classe operária. Assim, ele não está a substituir o que considera uma valorização excessiva da consideração dos valores materiais, por outra valorização excessiva dos valores simbólicos. Ele simplesmente convoca-nos a perceber como tais dimensões estão sempre, dialeticamente, articuladas.

Enfim, o novo sistema fabril criou um novo modo de vida e isso influenciou diretamente nas possibilidades de vivências lúdicas das camadas populares. Tais camadas resistiram das mais diversas formas, o que não significa que as compreensões que vinham da burguesia aos poucos não eram implementadas, pela força das articulações que procuravam perpassar seus valores e pela força do processo de controle. Mas tal processo não foi de via única e deve ser compreendido na constante tensão entre resistência e contrarresistência.

À GUISA DE CONCLUSÃO

Inspirado pelas colocações de Thompson, creio ser possível levantar alguns apontamentos para pensar a questão do lazer nas camadas populares. Isso parece ser interessante na medida em que ainda parece persistir uma carência de estudos dessa natureza. Mesmo na realidade internacional, tais preocupações parecem ser recentes.[10] No que se refere à perspectiva histórica, afirmam Robert Hollands e Hart Cantelon (1988, p.11-16):

---

[10]Maiores informações podem ser encontradas nos estudos: CANTELON, Hart, HOLLANDS, Robert (eds.). *Leisure, sport and working class cultures*. Toronto: Canadian Press, 1988; JONES, Gareth Stedman. Expresion de clase o control social? Critica de las ultimas tendencias de la historia social del ocio. In: ________. *Lenguajes de clase. Estudios sobre la historia de la clase obrera inglesa (1832-1982)*. Madri: Siglo Veintiuno, 1989, p.72-85; HOLT, Richard (org.). *Sport in the working class in modern Britain*. Manchester: Manchester University Press, 1990; JONES, Stephen G. *Sport, politics and the working class*. Manchester: Manchester University Press, 1992; KRUGER, Arnd, RIORDAN, James (orgs.). *The story of worker sport*. Champaign: Human Kinetics, 1996.

> *Estudos históricos sobre o lazer da classe trabalhadora têm sido escassos. Isto não significa dizer que não seja possível encontrar abordagens sobre a cultura da classe trabalhadora que levem em conta o lazer, mas sim ressaltar dois pontos chaves. Primeiro, a maioria dos estudos sobre a cultura da classe trabalhadora enfatizam a experiência cultural masculina e as preocupações com as mulheres são relativamente recentes. Segundo, o lazer e sua relação com os elementos básicos da cultura da classe trabalhadora em vários períodos da história somente recentemente começaram a ser adequadamente teorizados.*

Creio que um primeiro desafio está em exatamente aceitar o desafio de estudar o lazer nas camadas populares, tanto do ponto de vista histórico, quanto contemporâneo. O assunto não pode ficar mais esquecido e oculto entre tantos outros, obviamente também importantes, no âmbito do lazer.

Contudo, para tal, deveríamos tomar alguns cuidados básicos, sem os quais corremos risco de uma abordagem que não nos permita compreender mais adequadamente a complexidade da problemática. Para compreender o lazer nas camadas populares, teríamos que reconceitualizar as próprias categorias cultura, trabalho e lazer. E para isso, deveríamos considerar a importância central da experiência cultural e da vivência local como mediadoras, retroalimentadoras e em si mesmo uma forma de dominação, ao mesmo tempo que o processo contrário também pode ser observado.

Isto é, o lazer é uma experiência cultural que não é apenas determinada mecanicamente pela base econômica, nem tampouco é livre e idealizada. É fruto de expressão ativa de relações sociais e das lutas que se estabelecem no cotidiano das camadas populares. Assim, os estudos etnográficos poderiam muito contribuir com tal perspectiva, por nos permitir chegar mais próximo da realidade concreta daquelas camadas. Mas ainda, deveríamos nos afastar de qualquer postura que encare o lazer como forma linear de resistência ou dominação. Parece que as duas dimensões convivem constantemente e mais rico seria pensar que no âmbito da cultura resistência e contrarresistência caminham sempre de forma conjunta. Caberia-nos identificar tais movimentos e tal dinâmica.

Obviamente que não podemos negar que cada vez mais a indústria cultural capitaliza o mercado de lazer com base nos interesses das camadas dominantes, de forma cada vez mais eficiente. Ainda assim, devido à própria dinâmica desse espaço de luta, persistem espaços que devem ser identificados e priorizados no processo de intervenção.

Por fim, devemos tomar muito cuidado com qualquer proposta "vanguardista" de inserção de intelectuais nas camadas populares. Longe de estarem desorganizadas, as camadas populares têm uma organização própria, que lhes permitem inclusive entabular estratégias de resistência, embora muitas vezes estas não estejam vinculadas à política em seu sentido "clássico".

Caberia-nos perceber como tais resistências se organizam e partir delas em nosso processo de intervenção. Dessa forma, mais do que organizar, estaríamos também sendo organizados. Mais do que ensinar, estaríamos também aprendendo. Parece-nos que a proposta de uma ação dialógica radical se faz mister para os que pretendem trabalhar com esse público-alvo.

Capítulo 2

PROGRAMAS DE LAZER PARA IDOSOS NO BRASIL: SUGESTÕES COM BASE EM UM PANORAMA

Introdução

Não sendo *stricto sensu* um pesquisador na área da "terceira idade", cabe desde o início assumir os limites deste capítulo. Um dos meus interesses específicos de pesquisa tem sido tentar compreender melhor como se estabeleceram e têm-se estabelecido as relações entre a Educação Física (compreendida como área de conhecimento) e a Recreação/Lazer no Brasil. Identificando as peculiaridades e os problemas nesse relacionamento, penso que seja possível colher indicadores que nos permitam melhor pensar sobre e reorientar nossa prática cotidiana.[1]

Assim, instigou-me a possibilidade de compreender tais dimensões no âmbito de programas de lazer para idosos. Como têm-se desenvolvido tais programas? Será

[1] -Maiores informações podem ser obtidas no estudo: MELO, Victor Andrade de, FONSECA, Ingrid Ferreira. El profesor de Educación Física y su actuación en el area del tiempo libre: relaciones históricas y problemas contemporáneos. *Revista Nexo*, Montevidéu, n.171, jun./1997.

que eles avançam em relação a programas de lazer concebidos para outras faixas etárias, em outras instâncias? Reproduziriam velhos problemas tão frequentes? Essas seriam as questões a serem trabalhadas.

Contudo, um problema a princípio se apresentava: como poderia proceder tal análise se não estou desenvolvendo especificamente pesquisas empíricas acerca desses programas? A solução encontrada foi tentar compreendê-los mais profundamente com base em artigos publicados sobre essas experiências em periódicos e anais de congressos nacionais, desenvolvendo a análise fazendo uso de dois recursos básicos: a) minhas compreensões sobre as limitações dos programas de lazer em geral; b) os apontamentos e as críticas que alguns estudiosos entabulam acerca dos recentes trabalhos desenvolvidos com idosos.

Logo, o intuito desse capítulo, a partir do que os responsáveis por desenvolver programas de lazer com idosos procuram apresentar em suas reflexões publicadas, sugerir algumas dimensões que poderiam ser melhor consideradas à busca de tornar tais intervenções de melhor qualidade. Enfim, vislumbro contribuir para que possamos repensar o desenvolvimento e operacionalização de tais projetos de atuação.

Assumidos os limites, passemos então ao conjunto das contribuições.

"Terceira Idade": uma moda?

Não se pode mais afirmar, como há alguns anos, que sejam pequenas as discussões/reflexões relativas às necessidades de melhor consideração da condição dos idosos na sociedade brasileira. O assunto, embora ainda longe do que desejamos, já tem sido bastante tematizado em congressos das mais diversas áreas de conhecimento. Especificamente na Educação Física, podemos perceber um número cada vez maior de iniciativas de intervenção, artigos publicados em periódicos e anais, cursos, seções destinadas ao assunto em eventos científicos, entre outras coisas.[2]

Tal crescimento, louvável a princípio, foi de tal ordem que desconfiamos se ele não se deu de forma apressada e superficial, muitas vezes para simplesmente atender a um novo mercado emergente. Sem negar os avanços, frutos até mesmo da reivindicação dos idosos, repentinamente parece ter-se desenvolvido exponencialmente o número de preocupações com a "terceira idade" sem que na mesma ordem se desenvolvessem discussões teóricas aprofundadas sobre o assunto. Obviamente que isso não é uma apreensão homogênea. Sem dúvida existem muitos projetos de intervenção de qualidade. O que estou a questionar, mais de forma especulativa do que assertiva, é o quadro geral das propostas de trabalho com idosos na sociedade brasileira.

Chega-se até mesmo a *glamourizar* a "terceira idade", querendo-se imputar a tal fase uma condição de privilégio, de "feliz idade", de a "melhor idade", a "idade de ouro". Criticamente Zuenir Ventura (1998, p.10), afirma em artigo publicado em jornal de grande circulação no Rio de Janeiro:

[2]-Podemos perceber isso, por exemplo, nos anais do Congresso Brasileiro de Ciências do Esporte, do Encontro Nacional de Recreação e Lazer e do Encontro Nacional de História do Esporte, Lazer e Educação Física, realizados no ano de 1997.

> *A terceira idade não é evidentemente a número 1, mas merece um lugar de destaque nessa moda cabalística do tertius — terceiro Mundo, terceira via, terceiro sexo — principalmente agora, às vésperas do terceiro milênio e do século que será.*

Parece-me que a *glamourização* não só é uma impropriedade teórica, como em nada contribui para a melhor consideração da condição do idoso em nossa sociedade. Não se trata de colocar o idoso em contraposição ao não-idoso, mas respeitar a especificidade de cada idade, de cada momento da vida:

> *Não estou entre os que fazem o elogio irrestrito de uma fase da vida em que até o prefixo é traiçoeiro [...] Mas também não acho que é o pior dos tempos [...] Nem sempre é a idade que faz a vida feliz ou infeliz, mas a cabeça, assim como o que faz mal à saúde é a doença, não a idade* (VENTURA, 1998, p.10).

No que se refere aos programas de lazer para idosos é possível identificar alguns efeitos desse aumento de preocupações, que muitas vezes descamba para o "modismo". Percebemos muitas instituições sérias desenvolvendo trabalhos mais permanentes e estruturados (o que não significa que sejam teoricamente adequados), como também um número grande de ofertas diversas com objetivos simplesmente comerciais, em que as controvérsias teóricas ficam indubitavelmente mais visíveis.

Voltando à questão das superficialidades teóricas, isso pode até mesmo ser percebido na utilização indiscriminada dos termos "terceira idade", "idoso", "velho", entre outros. Particularmente, concordo com Alfredo Gomes de Faria Júnior (1997, p.69-77) que considera o termo "terceira idade" não adequado, acentuando o preconceito e discriminação, preferindo a utilização da denominação "idoso".

Enfim, essas são apenas ilustrações de que os problemas conceituais não parecem ser pequenos. Tentaremos discutir mais especificamente alguns problemas dessa natureza nos programas de lazer para idosos. Comecemos por uma das apreensões aparentemente mais óbvias: de que o idoso possui um tempo livre maior, logo podendo melhor aproveitá-lo com atividades de lazer.

O IDOSO TEM MAIS TEMPO LIVRE. ONDE?

Um dos problemas identificados é a referência homogênea, idealista, quase "esotérica" aos idosos. De que idoso estamos especificamente falando? Ora, os idosos não podem ser compreendidos como uma categoria descolada da sociedade. Devem ser considerados como seres humanos concretos, que viveram e vivem em uma sociedade historicamente constituída, em que relações diversas de poder coexistem, na maior parte das vezes não harmonicamente.

Assim, deve ficar claro que, na realidade brasileira, o idoso, que muitas vezes também é aposentado e/ou pensionista, nem sempre tem uma vida que pode ser considerada como um "reino do tempo livre e do não-trabalho". Devemos considerar algumas dimensões complicadoras nesse aspecto específico. Se há realmente um aumento do tempo de não-trabalho na perspectiva formal, esse muitas vezes é substituído pelo trabalho não-formal ("bicos e biscates" para complementar a parca renda e minimizar a dificuldade de viver com os pequenos benefícios adquiridos com a aposentadoria), pelas obrigações familiares (cuidar de netos, resolver problemas para a família etc.), pela prestação de serviços para instituições de naturezas diversas (por exemplo, religiosas, de caridade, entre outras), sem falar que muitos idosos acabam retornando ao mercado formal de trabalho.[3]

Na verdade, penso que seria necessário assumir claramente nos projetos de intervenção de que idoso se está falando. Ao optar-se, por exemplo, por um programa que atenda mais diretamente aos interesses da classe trabalhadora, deve-se orientar o trabalho de acordo com as dimensões diferenciadas e peculiares. No que se refere aos programas de lazer, isso não está somente ligado ao aspecto econômico em si, mas também às suas decorrências na formação cultural dos indivíduos. Não

---

[3] Esse retorno na maior parte das vezes se dá por necessidade, mas também pode se dar por desejo e dificuldade de se desvincular da rotina de trabalho. Uma discussão interessante sobre a relação entre idosos e aposentadoria pode ser encontrada nos estudos: ALVES JÚNIOR, Edmundo de Drummond. Uma nova velhice, o exemplo da Universidade do Tempo Livre de Rennes. In: WERNECK, Christianne Luce Gomes et al (orgs.). Encontro Nacional de Recreação e Lazer, 9, Belo Horizonte, 1997a. *Coletânea*. p.347-356; e CALEGARI, Kátia Cristina. Novos olhares sobre o lazer e aposentadoria. In: SOUZA, Eustáquia Salvadora de et al. (orgs.). Congresso Brasileiro de Ciências do Esporte, 10, Goiânia, 1997. *Anais*. p. 992-995.

devemos negar que normalmente os membros da classe trabalhadora, devido às suas condições de vida, têm e tiveram menos possibilidades de acesso a alguns bens culturais; o que não significa que não tenham cultura. Simplesmente devemos considerar que as diversas classes têm em geral uma formação cultural diferenciada que não pode ser negligenciada na formulação de programas de lazer.

De fato, as barreiras a serem consideradas não são somente de ordem econômica. Por exemplo, as questões de gênero devem seu cuidadosamente reconhecidas pelos responsáveis pelo desenvolvimento das intervenções no campo do lazer, ainda mais se considerarmos que tais barreiras eram mais fortes no passado do que nos dias de hoje. As mulheres idosas muitas vezes não só tiveram grandes possibilidades de acesso e oportunidade de vivência de momentos de lazer (devido às restrições culturais advindas do preconceito, mas também à dupla jornada de trabalho, quando tinham que se dividir entre as tarefas do lar e do trabalho formal), como mesmo na velhice continua a ser de sua responsabilidade grande parte das tarefas domésticas. Assim, deve-se considerar tal dimensão na formulação dos programas, de forma a introduzir-se as "novidades dos tempos modernos" com adequação e respeito às especificidades.[4]

---

[4] Uma interessante discussão sobre esses aspectos podem ser encontrada nos estudos: CUNHA JÚNIOR, Carlos Fernando Ferreira da. *Atividades físicas, brincadeiras e sexismo: as experiências de um grupo de idosos/as*. Rio de Janeiro: UERJ, 1997. Dissertação (Mestrado em Educação). CUNHA JÚNIOR, Carlos Fernando Ferreira da. Diversidade cultural, lazer e relações de gênero: as experiências de alunos/as do projeto Idosos em Movimento Mantendo a Autonomia. *In*: WERNECK, Christianne Luce Gomes et al (orgs.). Encontro Nacional de Recreação e Lazer, 9, Belo Horizonte, 1997. *Coletânea*. p. 82-89.

As barreiras de gênero, contudo, não se referem somente às mulheres. Devem ser profundamente consideradas as expectativas e os problemas que podem afastar os homens idosos dos programas de lazer,[5] bem como uma discussão que tem sido pouco procedida em nossa área de conhecimento: os preconceitos, estereótipos e discriminações ao redor da homossexualidade, ainda mais potencializados entre os de idade mais avançada.

Outra barreira que devemos reconhecer na preparação de programas de intervenção seriam aquelas ligadas às obrigações religiosas. A religião tem grande importância e influência na vivência dos momentos de lazer, não só devido ao tempo que ocupa (muitas vezes as cerimônias são realizadas em finais de semana e feriados), mas também devido à própria natureza das diferentes religiões, que encaminham e estimulam diferenciadas formas permitidas de "diversão". Muitas religiões apresentam restrições a certas atividades e não devemos nos furtar de compreendê-las em nossos projetos.

A influência da religiosidade na vivência dos momentos de lazer pode ser percebida claramente na fala de Dom Eugenio Sales, publicado no Jornal do Brasil. Afirma ele:

> *Na sociedade moderna ocupa cada vez mais espaço o aproveitamento do tempo livre. As férias movimentam multidões*

[5] Maiores informações podem ser obtidas no estudo: CUNHA JÚNIOR, Carlos Fernando Ferreira da. O estudo de gênero do projeto IMMA: as expectativas masculinas da turma de 1996/2. In: FARIA Júnior, Alfredo Gomes de (org.). Seminário Internacional de Atividades Físicas para a Terceira Idade, 1, Rio de Janeiro, 1996. *Anais*.

em busca de lazer. Ele cresce em importância [...]. Entretanto, surgem ocupações com prejuízo da vida religiosa. Como tudo em um ambiente onde Deus, os valores espirituais são relegados a um segundo plano, ou simplesmente desprezados, o descanso dominical cede seu lugar ao lucro, ao dinheiro, às recreações profanas.

O que seriam "recreações profanas"? Claramente tal autor coloca a religião, se não em oposição, pelo menos como uma grande restrição às vivências de lazer, como se Deus, os valores espirituais e a diversão guardassem oposição. A compreensão da restrição fica ainda denotada mais à frente no mesmo artigo: "Nós obedecemos assim a Deus através da Igreja; essa obrigação não depende do nosso gosto, não somos livres de ir ou não ir. É uma imposição do Senhor e não uma opção nossa".

Não é nosso objetivo avançar mais na discussão sobre essas polêmicas declarações, mas simplesmente chamar a atenção para a influência da religião nos programas de lazer. Quando se refere aos idosos, esta influência pode ser ainda maior, já que no decorrer de sua vida a presença e o papel da religião muitas vezes foi muito mais forte do que nos dias de hoje.

Enfim, nos nossos programas de lazer não podemos idealizar os idosos. Devemos considerá-los influenciados e inseridos em uma sociedade concreta, devendo estar atentos aos preconceitos, estereótipos e discriminações ligadas ao sexo (e opção sexual), à raça e classe. Os programas de lazer devem incorporar uma perspectiva multicultural de sociedade.[6]

Idoso precisa de lazer? Parâmetros que devem ser melhor considerados nos programas

Por que e para que implementar programas de lazer para idosos? Para essa pergunta poderia levantar algumas respostas, de diferentes pontos de vista. Sob a óptica comercial, poderia-se argumentar que existe um público-alvo disponível e um mercado a ser ocupado, logo os programas atenderiam a tais dimensões. Alguns mais "humanistas" argumentariam que é fundamental para a saúde dos idosos, que, dispondo de maior tempo livre, não sabem bem como ocupá-lo, além da comum perda de referências devido à morte de familiares e amigos. De fato, argumentos dessa ordem são comuns entre alguns autores.[7]

Quanto ao primeiro argumento, percebemos que ele é puramente mercadológico. O que está centralmente colocado não é o bem-estar dos idosos, mas a possibilidade de obter lucros com suas necessidades. Essa é uma apreensão limitada e conduz a trabalhos apressados que reduzem a compreensão do papel do idoso na sociedade.

---

[6] Maiores informações sobre o multiculturalismo e a necessidade de sua consideração podem ser encontradas no estudo: FARIA JÚNIOR, Alfredo Gomes de. A mulher idosa e as atividades físicas sob o enfoque multicultural. In: ROMERO, Elaine (ed.). *Mulheres em movimento*: Vitória: UFES, 1997.

[7] Maiores informações podem ser obtidas em: PARKER, Stanley. *Sociologia do lazer*. Rio de Janeiro: Zahar, 1978; SALGADO, Marcelo. *Velhice, uma nova questão social*. São Paulo: Sesc, 1982; DUMAZEDIER, Joffre. *A revolução cultural do tempo livre*. São Paulo: Sesc/Nobel, 1994.

Já no que se refere ao segundo argumento, percebemos um enfoque claramente funcionalista, a despeito das importantes contribuições daqueles autores. Trataria-se de simplesmente utilizar o lazer para atenuar um problema social e não discuti-lo profundamente no sentido da superação. Além disso, reproduz alguns chavões. Como vimos, nem todos os idosos possuem todo esse tempo livre que supõe os autores. Kátia Cristina Calegari (1997, p. 992-95),é ainda mais contundente em sua crítica a essa forma de pensar:

> *A pergunta sempre é a mesma: o que fazer com o tempo desocupado do aposentado? Os conceitos de lazer apresentados pelos autores supõem exatamente a ocupação desse tempo, como se a não ocupação do mesmo representasse algo negativo e contrário a própria natureza humana. Reiterando a ótica do sistema capitalista, em que o tempo deve ser consumido, colocado em uso, justificado produtivamente, o tempo de lazer aparece com a mesma conotação.*

Para tentar encaminhar tal questão de forma diferenciada, temos que inicialmente falar um pouco sobre nossa compreensão acerca do papel do idoso na sociedade. Rejeito qualquer perspectiva de abandono das contribuições do idoso simplesmente porque ele tem uma idade avançada e/ou porque está aposentado, logo fora da estrutura de produção formal. Aliás, é importante lembrar que essa é uma apreensão típica das sociedades ocidentais modernas. Fora desses padrões, o idoso é ao contrário mais valorizado, por ter a experiência e a maturidade necessárias para melhor compreender os problemas e orientar suas soluções.

Assim, compreendo que o idoso continua tendo uma função social ativa, o direito e dever de contribuir para a sociedade, de participar ativamente no traçar de seus rumos (até mesmo para reivindicar as soluções que atendam seus interesses), não devendo ser menosprezado. Logo, os programas de lazer devem estar atentos a tais dimensões, também contribuindo para potencializar a compreensão e a contribuição dos idosos, numa óptica não funcionalista, para a superação do *status quo*.

Obviamente que ao afirmar isso, não estou desconsiderando as peculiaridades dos momentos de lazer. A busca do prazer e da satisfação são dimensões fundamentais nesses momentos. Mas isso não se pode confundir com um "fazer gratuito". Respeitadas as especificidades, os programas de lazer devem estar atentos para estimular os idosos a promoverem reflexões sobre a realidade em que se inserem.

Segundo nossa concepção, a busca de novas formas de encarar a realidade social, indireta ou diretamente obtidas pela da aquisição de novos bens culturais, a percepção da necessidade de equilíbrio entre consumo e participação direta nos momentos de lazer, a recuperação de bens culturais destruídos ou em processo de destruição devido à ação da cultura de massas, e a própria humanização do indivíduo, que passa a entender-se como agente e não somente paciente do processo social, estão entre as possibilidades a serem trabalhadas nos momentos de lazer numa perspectiva não funcionalista. Trabalharíamos na compreensão de que se a cultura é propagadora de determinados aspectos da ordem social, refletindo mesmo esta ordem, funciona também como questionadora e abre caminho para o questionamento. Tais dimensões devem ser seriamente consideradas pelos que elaboram/trabalham em programas de lazer.

Gostaria de ressaltar um dos pontos citados, bastante relevante para os que trabalham com idosos: a recuperação de bens culturais. Muitas das manifestações das quais hoje somente ouvimos falar ou já se encontram bastante modificadas, devido à natural ação do tempo e da não tão natural assim ação da indústria cultural, foram pelos idosos vivenciadas em sua infância/ juventude. Seria bastante interessante poder recuperar os formatos mais originais com base na experiência deles.

Inclusive, nesse ponto em especial, teríamos algumas possibilidades de encaminhar uma perspectiva intergeracional, em que indivíduos de todas as idades dividam um mesmo conjunto de atividades. Não se trata de pensar somente em programas que contemplem de forma isolada os idosos, mas sim trabalhar na perspectiva de inclusão social, em que a faixa etária não será considerada como fator determinante de exclusões e separações.

Isto é, não se trata do jovem e da criança respeitar o idoso simplesmente motivados por frases soltas e/ou abordagens moralistas. A criança e o jovem devem compreender a importância do idoso como um ser humano ativo, vivo e dotado de experiência e capacidade de lhe apresentar algumas dimensões interessantes acerca da vida e da sociedade. Da mesma forma, o idoso tem que assumir que é um ser humano pronto para continuar contribuindo para a sociedade. E uma dessas contribuições, sem ser a única, está na possibilidade de recuperar a memória de uma comunidade, de redimensionar bens já perdidos/esquecidos.[8]

Já que estamos encarando as atividades de lazer fundamentalmente dimensionadas no campo da cultura, devemos estar alertas para que os programas com os idosos não se resumam ao oferecimento e estímulo da prática de atividades físicas. O lazer é um campo multidisciplinar e devem ser encaminhadas atividades ligadas aos mais diversos campos possíveis, às mais diversas "linguagens".[9]

Mais ainda, as intervenções no campo do lazer não podem resumir-se a simplesmente oferecer uma série de atividades a serem inquestionavelmente cumpridas. Trata-se de entabular um processo dialógico, levando os idosos a participarem efetivamente na elaboração dos projetos. Ao profissional cabe o papel de mediador entre uma cultura que os idosos já possuem e novos bens culturais que ele pode procurar apresentar. Para tal o profissional deve estar atento aos desejos e anseios de seu público-alvo.[10]

Por fim, cabe lembrar que algumas questões operacionais e estruturais não podem deixar de ser consideradas ao se preparar programas de lazer para idosos. Isto significa tanto cuidados com a adaptação de equipamentos tendo em vista as possibilidades físicas dos idosos, quanto com a utilização de procedimentos adequados às diversas situações.[11] Esse é apenas um exemplo da necessidade de considerações especiais nesses programas e de como eles não podem reproduzir exatamente os programas preparados para outras faixas etárias.[12]

[8] Maiores informações sobre a coeducação de gerações podem ser encontradas no estudo: CAMARGO, Luiz Octávio de Lima. "A coeducação de gerações". In: WERNECK, Christianne Luce Gomes et al. (orgs.). Encontro Nacional de Recreação e Lazer, 9, Belo Horizonte, 1997. *Coletânea*. p. 120-129.

[9] Joffre Dumazedier classifica as atividades de lazer em: físicas, artísticas, manuais, intelectuais e sociais. Essa classificação pode-nos auxiliar a diversificar o oferecimento de atividades (DUMAZEDIER, Joffre. *Valores e conteúdos culturais do lazer*. São Paulo: Sesc, 1980).

[10] Maiores informações sobre as divergências entre os objetivos dos idosos e dos elaboradores de programas de lazer podem ser encontradas no estudo: EFFTING, Elizabeth Quintiliano May. *Lazer para idosos aposentados: divergências de objetivos entre instituições e clientela*. Rio de Janeiro: UGF, 1994. Dissertação (Mestrado em Educação Física).

[11] Faria Júnior. Op.cit. 1997.

[12] Os que desejarem maiores informações sobre programas de lazer para idosos, sugiro o estudo: OSORIO, Agustin Requejo. "Animacion sociocultural en la tercera edad". In: TRILLA, Jaume (coord.). *Animación sociocultural: teorías, programas y ámbitos*. Barcelona: Ariel, 1997.

Capítulo 3

LAZER, MEIO AMBIENTE E ENVOLVIMENTO COMUNITÁRIO

> *A deterioração do ambiente urbano parece-nos hoje [...] uma das mais desastrosas consequências da Revolução Industrial, sob vários pontos de vista: a estética, as comodidades da população, o saneamento e a densidade demográfica* (THOMPSON, 1987, P. 185).

Para os manos da Baixada Fluminense
à Ceilândia
Eu sei, as ruas não são como a
Disneylândia.[1]

"E quem te disse que miséria é só aqui?
Quem foi que disse que miséria não ri?
Quem tá pensando que não se chora
miséria no Japão?

[1]"Capítulo 4, versículo 3". Letra de Racionais MC.

Quem tá falando que não existem
tesouros na favela?
A vida é bela, tá tudo estranho
É tudo caro, mundo é tamanho.[2]

Primeiras palavras

As reflexões apresentadas neste capítulo foram desenvolvidas com base em minha vivência enquanto animador cultural, que teve diversas experiências com projetos de lazer em comunidades de baixa renda na cidade do Rio de Janeiro[3] e se deparou com a necessidade de tematizar questões ligadas ao meio ambiente em seu cotidiano de trabalho. Obviamente que tais questões estavam diretamente ligadas aos problemas específicos da cidade do Rio de Janeiro, reconhecida por sua bela e grande área verde e por ser extremamente conflituosa em sua dinâmica social, e suas repercussões naquelas comunidades.

O que procurarei apresentar neste texto é a sistematização de algumas reflexões colhidas em minha experiência concreta nesses últimos anos. Penso que seja possível apresentar algumas dimensões a serem consideradas por aqueles que se envolvem com comunidades dessa natureza, estabelecendo alguns parâmetros de atuação e canais de diálogo/troca de experiências.

---

[2] "Miséria no Japão". Letra de Pedro Luís.

[3] De forma mais sistemática e aprofundada com a comunidade do Morro dos Macacos, conjunto de favelas situado no bairro de Vila Isabel, e com a comunidade do Morro do Borel, conjunto de favelas situado no bairro da Tijuca.

Comecemos por compreender um pouco da cidade do Rio de Janeiro, seus problemas e como isso tem repercussão nas questões ligadas ao meio ambiente.

O Rio de Janeiro — uma cidade partida e contraditória

Depois de anos vivendo de fama e *glamour*, nas duas últimas décadas parece não cessar a associação da cidade do Rio de Janeiro a imagens ligadas à violência, à desordem, ao caos urbano. O que teria acontecido com aquele habitante *bon vivant* e amistoso, representações outrora tão comuns acerca do carioca? O que teria havido com aquela cidade que de tão bela era a imagem do Brasil no exterior? Como uma cidade que fora centro dos acontecimentos do país, tanto no âmbito da política quanto no da cultura, chegara a tal ponto de deterioração?

À busca de culpados por tal situação, equivocadamente mais do que de soluções (como de costume nesse país de injustiças e superficiais resoluções), a responsabilidade acaba sendo imputada, explicitamente ou não, às favelas da cidade e às comunidades que lá residem. Considerações lineares e distorcidas as consideram responsáveis principais pelos problemas da cidade, como se alguém morasse naquelas condições simplesmente por desejo, desviando-se o eixo central e desconsiderando a complexidade da questão.

Não são poucos os exageros e as limitações em tais compreensões. Primeiro porque, se realmente o problema é grave, o Rio de Janeiro continua uma bela cidade e seu cidadão não perdeu todas as características no passado tão propaladas. O que efetivamente houve é que destruiu-se o "mito" do Rio de Janeiro a partir do momento em que a cidade deixou de ser a capital do país, descortinando-se problemas que sempre existiram e simplesmente acirraram-se com o debilitar das condições econômicas da população brasileira, com o aumento das injustiças no âmbito nacional e com a decorrente destruição de certos valores sociais. Tal processo tem impactos significativamente maior em uma cidade global da dimensão do Rio de Janeiro, que teve ainda que conviver com todos os problemas advindos da perda de sua condição de capital.

Quanto às favelas é fácil perceber o absurdo daquelas considerações. Trata-se de culpabilizar a vítima, de não enxergar a raiz do problema. As comunidades que lá residem são, na verdade, reféns da violência, espremidas entre a violência do tráfico e a ineficiência e/ou incapacidade dos poderes governamentais constituídos de elaborar ações efetivas que possam reverter sua difícil situação de vida.

Enfim, se é claro o aumento da violência urbana e do processo de favelização da cidade, as origens dos problemas, contudo, devem ser radicalmente procuradas na própria história da cidade, onde desde há muito tempo vem-se acirrando as desigualdades sociais.

As favelas cariocas surgiram na transição do século XIX para o século XX, quando as preocupações com a inserção do Brasil no mercado capitalista internacional conduziram a um saneamento das partes consideradas nobres da cidade-capital (o centro e a Zona Sul), relegando à população mais pobre os piores espaços da cidade, destinados ao "uso sujo" necessário para manter uma imagem artificialmente criada,[4] sempre cercados de descaso governamental.[5]

Se a diferenciação e o benefício às camadas mais abastadas financeiramente já estava presente desde que se começa a construir a imagem de "Cidade Maravilhosa", o que temos assistido recentemente é simplesmente o acentuar desse processo, pelos motivos já expostos.

O que se observa então é tornar-se mais aparentes os paradoxos da cidade: uma cidade partida em que alguns têm acesso a muitas coisas (e efetivamente a cidade oferece muito), mas grande parte dos habitantes pouco podem desfrutar. Nesse processo, o cidadão dissocia-se da cidade, não a reconhece, não se identifica completamente com ela. Obviamente que isso muito interessa aos que pretendem manter a atual ordem social. Ao separar o cidadão da cidade, esvazia-se a dimensão do coletivo e dificulta-se a articulação de possibilidades concretas de reivindicação.

Contudo, ao mesmo tempo que tal processo interessa aos detentores do poder, também cria repercussões negativas para estes, que de alguma forma também tornam-se reféns da violência e do desgaste do espaço urbano. Já que se trata de individualizar as lutas e de "salve-se quem puder", as pessoas passam a pragmati-

---

[4] Segundo Nina Maria de Carvalho E. Rabha, "uso sujo" pode ser definido como: "[...] as funções indispensáveis ao funcionamento da cidade, que por serem marcadas por consumo de áreas ou poluição sonora ou visual, devem ficar próximas ao centro, mas não tanto a ponto de macular sua simbólica imagem" (Cristalização e resistência no centro do Rio de Janeiro. *Revista do Rio de Janeiro*, Rio de Janeiro, v.1, n.1, p. 35-43, dezembro/1985. p. 43).

[5] Maiores informações sobre as favelas do Rio de Janeiro podem ser obtidas no Capítulo 6 deste livro: "Capacitação de animadores culturais: uma experiência na comunidade do Morro do Borel".

camente buscar soluções para "sobreviver" e os valores tendem a extinguir-se à luz da necessidade.

Qual a relação desta discussão introdutória com a questão do meio ambiente urbano? Muito próxima e direta. Por que não jogar lixo no chão de uma cidade a qual não se reconhece como sua? Por que se preocupar com árvores, quando se necessita habitar? Por que se preocupar com o esgoto quando mal se tem condições de comer? Como pensar em saúde se ela é negada para a maior parte da população? E como pensar em "educação para a ecologia" quando a rede pública de escolas está destruída pelo descaso histórico dos responsáveis por sua manutenção?

A dissociação de cidadão e cidade tem impactos diretos na questão do meio ambiente urbano. Claramente vemos o paradoxo de termos uma cidade que tem uma das mais belas paisagens naturais do mundo e um enorme complexo de área verdes (entre as quais a maior floresta urbana do mundo: a Floresta da Tijuca) convivendo ao lado de habitações que não têm sequer a estrutura básica de "sobrevivência".

Assim, direta ou indiretamente, o complexo urbano (onde incluem-se os bens naturais) deteriora-se, tanto por descaso governamental quanto por falta de cuidado do cidadão-sem-cidade. Exemplos claros disso são a invasão da Floresta da Tijuca pelo processo de favelização, o volume de lixo que é atirado nas ruas e a destruição da rede pluvial da cidade.

Como reverter tal situação? Pretendo apresentar uma reflexão sobre um caminho possível e situar o lazer como uma estratégia para encaminhar uma solução plausível.

Meu argumento central é claro e direto: qualquer tentativa de tematizar e trabalhar com as questões ecológicas e do meio ambiente de forma restrita e superficial, encerrada nela mesmo, tende ao insucesso ou ao não exponenciar de todas as suas possibilidades.

A chave do processo deve ser a reintegração do cidadão à cidade. Enquanto o cidadão não reconhecer e reivindicar a cidade como efetivamente sua, enquanto não se der um banho de cidadania na cidade, todas as medidas serão sempre paliativas.

Aliás, exemplos de ações paliativas, sempre sem sucesso, são o que não faltam no Rio de Janeiro. Podemos citar alguns deles. Em 1992, quando a cidade sediou a Conferência Mundial para Meio Ambiente (ECO-92), o Rio de Janeiro sofreu um grande processo de intervenção urbana. Mais tarde confirmou-se o que alguns setores mais críticos já denunciavam naquele momento: a maior parte das remodelações foi promovida nas zonas mais ricas da cidade, para agradar aos olhos dos turistas e dos chefes de Estado estrangeiros; as reformas foram feitas de forma apressada e com material de baixa qualidade, logo se desgastando; como não se privilegiou a implantação de projetos sérios de educação, não houve uma modificação nos costumes dos cidadãos, que também pouco contribuíram para preservar as reformas e continuaram a destruir o meio ambiente; além do mais, as comunidades não foram mobilizadas e consultadas acerca das mudanças a serem promovidas. Por fim, a injustiça e desigualdade social continuaram da mesma forma.

Fatos semelhantes também ocorreram com o projeto Rio-Orla, com os projetos na época da candidatura do Rio de Janeiro aos Jogos Olímpicos de 2004, com o projeto Rio-Cidade, com as intervenções promovidas devido à reunião internacional de cúpula entre países latino-americanos e europeus ("Cimeira - 1999") e tem acontecido com o Projeto Favela-Bairro. Sempre se faz uma maquiagem na cidade, não se articula a comunidade, os projetos educacionais são escassos e a injustiça social não diminui.

Mas o que o lazer e os animadores culturais têm a ver com isso? Muito. Trata-se de reconhecer os potenciais educacionais das atividades de lazer para reintegrar cidade e cidadão e para estimular a auto-organização das comunidades.

As possibilidades de lazer estão entre as primeiras negadas e desconhecidas em uma cidade partida. Basta observar a distribuição geográfica das oportunidades de acesso aos bens culturais pela cidade. No caso do Rio de Janeiro, exatamente no eixo Zona Sul-Centro localiza-se a maior parte dos teatros, cinemas, museus, centros culturais, bibliotecas etc. No eixo Zona Norte-Zona Oeste, onde reside a camada mais pobre da população, as possibilidades são escassas e qualitativamente complicadas, embora algumas dessas comunidades tenham-se organizado na busca de solucionar (ou ao menos minimizar) o problema.[6]

Mas não se trata somente de "má distribuição geográfica". Se assim fosse, poderíamos perguntar o

[6] Cito o exemplo da Lona Cultural de Bangu, uma iniciativa da comunidade local, somente agora apoiada pela Prefeitura da cidade.

porquê dos habitantes das favelas situadas nas Zona Sul e Central da cidade não frequentarem e acessarem tais oportunidades. Trata-se, na verdade, de uma questão de educação.

Falo de estímulo e mediação. O animador cultural que trabalha em comunidades de baixa renda deve apresentar ao cidadão as diversas possibilidades de lazer que sua cidade possui. E nesse processo, historicizar a cidade, contribuir para o refletir sobre seus problemas, contribuir com a re-identificação da/com a cidade.

Numa cidade como o Rio de Janeiro isso é plenamente possível, mesmo com os impeditivos ligados à situação financeira. A cidade possui parte significativa de monumentos/bens públicos e muitas atividades culturais oferecidas de forma gratuita ou a preço acessível. Além disso, existem muitas disponibilidades locais pouco conhecidas. Isto é, se esses bens culturais não são conhecidos e utilizados, em grande parte é devido ao desconhecimento e à falta de educação para tal, e o animador cultural, em um processo de diálogo e mediação, pode dar grande contribuição na resolução desse problema.

Mas qual a especificidade dos trabalhos nessas comunidades? É o que tentarei abordar no último item. Por agora reitero que acredito que o grande problema da cidade é a separação entre cidade e cidadão e que o animador cultural pode contribuir para a superação dessa dissociação por meio das atividades de lazer. Nesse sentido também poderia contribuir para o repensar sobre o meio ambiente urbano, não só por tematizar as questões relativas à destruição do espaço urbano no interior das atividades, quanto porque tais problemas também são fruto da dissociação que tentei argumentar.

Os problemas do meio ambiente urbano, na verdade, têm dupla dimensão: pobreza e ignorância. Assim, podemos atuar significativamente na busca de reduzir a ignorância, tendo em vista que isso deve direta e indiretamente contribuir para não somente reduzir como superar a situação de pobreza.

Obviamente que não se trata de jogar as responsabilidades exclusivamente para as comunidades. Os poderes públicos devem ter políticas ambientais claras, articuladas com intervenções para superar as desigualdades e as injustiças sociais. Mas para tal as comunidades também devem estar organizadas, não só para eleger representantes que encaminhem a perspectiva apontada, como para cobrarem uma atuação efetiva dos poderes constituídos.

Trata-se de recuperar a cidadania do cidadão. O cidadão deve reconhecer que da mesma forma que deve ter um compromisso com a manutenção do meio ambiente urbano (em todas as dimensões possíveis), também deve cobrar intervenções governamentais nesse sentido, não só de forma paliativa, mas estruturais nesse modelo de sociedade.

E se as atividades de lazer e o animador cultural não podem sozinhos dar conta desse intuito, por certo não podem ser negligentes no que se refere à sua possível contribuição. Seria tão questionável acreditar que por si só as atividades de lazer tenham potencial suficiente para promover uma mudança da estrutura social, quanto acreditar que tais atividades se referem a uma prática desinteressada, sem conexão com a realidade e sem contribuição para a superação do *status quo*.

Por certo, trabalhar nessas comunidades não é tarefa das mais fáceis e carrega importantes peculiaridades que devem ser consideradas. Entre os fatores dificultadores, no caso do Rio de Janeiro, podemos levantar:

a) Comunidade desconfiada – depois de anos sendo ludibriadas por políticos e/ou projetos que somente têm interesses pessoais, normalmente para obter ganhos imediatos (eleição, veiculação na mídia etc.), cada vez mais as comunidades creem menos na intencionalidade e se engajam menos nas propostas. Mesmo os profissionais bem intencionados por diversas vezes se sentem desamparados com o término inesperado das propostas, quando estas já não mais interessam a seus planejadores maiores. Isto por certo tem aumentado as dificuldades de implementação de projetos efetivos, que realmente tenha em vista uma ação prolongada e que traga benefícios a tais comunidades.
b) Violência – a crescente violência, normalmente associada ao tráfico de drogas, tem alterado significativamente as características das comunidades (por exemplo, reduzido sensivelmente suas possibilidades de vivência do espaço público) e colocado muitos animadores culturais em situação de risco; sem falar que os obriga a um processo de negociação bastante complexo com

as estruturas de poder marginal que existem organizadas em tais comunidades.

c) Falta de recursos – grande parte dos projetos nessas comunidades é financiado ou por órgãos governamentais (por exemplo, secretarias municipais e estaduais) ou por fundações internacionais (como Fundação Kelloggs, Fundação Ford etc.). Lamentavelmente muitos desses financiadores estão mais interessados em resultados imediatos, não respeitando o tempo necessário para implementação com qualidade dos projetos, ou estabelecem simplesmente a quantidade como critério de julgamento da eficiência dos projetos, desprezando qualquer discussão qualitativa.[7]

d) A situação de pobreza – a própria característica de pobreza da comunidade (aqui compreendida em uma dimensão ampla) por certo exige maior cuidado e responsabilidade do animador cultural.

Com tal quadro, ao animador cultural cabe ainda mais profundamente compreender a necessidade de respeitar a dinâmica da comunidade, reconhecer e capacitar lideranças, construindo um trabalho **com** a comunidade e não **para** a comunidade. Não se trata de unilateralmente apresentar um conjunto de atividades, mesmo que o animador cultural pense entender os anseios da comunidade em que se insere, mas sim implementar

[7] Uma argumentação sobre as dificuldades de relacionamento com fundações internacionais de financiamento pode ser encontrada no Capítulo 6 deste livro.

um programa em conjunto, tendo claro que sua intervenção educativa se dá desde os momentos anteriores à implementação do programa propriamente dito e prossegue na avaliação e desdobramento de todo o programa.[8]

Mais ainda, não cabe ao animador cultural chegar à comunidade com preconceitos e acreditando que exista ligação direta entre pobreza e infelicidade; nem tampouco acreditar que o processo de dominação cultural se dá de forma completa, anulando definitivamente todas as suas manifestações culturais. Os que já tiveram possibilidade de trabalhar em comunidades de baixa renda sabem que nada é mais falso.

Nas favelas do Rio de Janeiro, por exemplo, mesmo que tenham ocorrido mudanças significativas nos últimos anos em virtude do aumento da pobreza e da violência, nos finais de semana são facilmente observáveis festas familiares, pagodes, bares cheios, eventos ao redor de campos de futebol, presença

---

[8] Uma discussão simples, mas bem apresentada, fundamentada e interessante sobre a ação comunitária de lazer pode ser encontrada nos artigos: MARCELLINO, Nélson Carvalho. Pressupostos de ação comunitária — estruturas e canais de participação. In: MARCELLINO, Nélson Carvalho (org.). *Políticas públicas setoriais de lazer: o papel das prefeituras*. Campinas: Autores Associados, 1996. p. 39-42; PAIVA, José Luís de. Deflagrando uma ação de lazer. In: MARCELLINO, Nélson Carvalho (org.). *Políticas públicas setoriais de lazer: o papel das prefeituras*. Campinas: Autores Associados, 1996. p. 43-54; DESTEFANI, Andréa, GRILLO, Maria de Fátima S. Resposta e reflexo - Dois tipos de resultados e suas peculiaridades. In: MARCELLINO, Nélson Carvalho (org.). *Políticas públicas setoriais de lazer: o papel das prefeituras*. Campinas: Autores Associados, 1996. p. 55-60. Outro artigo interessante é: GARCIA, María Jesús Morata. Animación sociocultural y desarrollo comunitario. In: TRILLA, Jaume (coord.). *Animación sociocultural: teorías, programas y ámbitos*. Barcelona: Ariel Educación, 1997. p. 297-303. Uma experiência de capacitação de animadores culturais pode ser encontrada no Capítulo 6 deste livro.

constante da população nas escolas de samba. As ruas são ocupadas por gente disposta a divertir-se. Pode-se (e deve-se) questionar a restrição de possibilidades de vivência de momentos de lazer, mas não se pode dizer que não exista alegria nesses momentos. Aliás, os que conhecem bem o Rio de Janeiro sabem o quanto a alegria é estratégia de subversão nessa cidade.

Mais ainda, nessas comunidades existe vida cultural própria e mesmo iniciativas de manutenção de suas formas tradicionais de diversão. Deve-se compreender que mais do que violência, essas comunidades também respiram música, arte, cultura. Mais do que consumidores acríticos, também são produtores e estabelecem resistências em seu cotidiano. Tal dimensão é bastante clara no Rio de Janeiro, onde as fronteiras entre morro e asfalto ainda não são excessivamente demarcadas. A linguagem das favelas rapidamente invade as ruas da cidade. A música, cujo maior exemplo é o próprio samba, mistura-se a muitas outras iniciativas culturais.

Ao animador cultural cabe reconhecer tal dinâmica, incentivá-la e nela se basear em sua proposta de mediação. Também reconhecer os grupos locais que têm tido dificuldades de manter suas tradicionais manifestações e tentar contribuir para revitalizar tais atividades. Nos morros do Rio de Janeiro são bastante comuns exemplos desses grupos, como o caso do Jongo, no Morro da Serrinha, e da Folia de Reis, no Morro da Mangueira.[9]

---

[9] Uma discussão interessante quanto ao papel do animador cultural como articulador e incentivador dos grupos da comunidade pode ser encontrada no artigo: PICART, Toni Puig. Gestionemos la cultura de la ciudad con los ciudadanos. In: TRILLA, Jaume (coord.). *Animación sociocultural: teorías, programas y ámbitos*. Barcelona: Ariel Educación, 1997. p. 305-321.

Também sugere-se que o animador cultural procure articular seu trabalho com outras iniciativas já em curso nas comunidades. Normalmente existem muitas associações, igrejas, ONGs, entre outras, que desenvolvem projetos com objetivos diversos. Uma ação necessária é a de articulação e colaboração mútua no que for possível, obviamente iniciativa que deve ser precedida de uma cuidadosa análise dos intuitos reais das instituições identificadas.

Por fim, no que se refere especificamente a trabalhos com a temática do meio ambiente/ecologia, gostaria de chamar a atenção para dois enfoques que devem ser evitados. Um deles é a tematização do assunto com base em uma realidade que não é concreta à comunidade. De pouco vale, por exemplo, uma discussão sobre a situação das baleias em uma comunidade que nunca as viu e/ou tem problemas mais concretos com os quais deve lidar. Mesmo uma discussão de preservação de árvores, por exemplo, pode ser pouco efetiva quando a necessidade de um local de moradia torna-se mais urgente.

Penso que se deve começar a discussão por questões cotidianas, efetivamente reconhecidas pela população. Como, por exemplo, a questão dos ratos, do lixo e da falta de saneamento básico. Não só fica mais fácil, quanto se pode conceder maiores contribuições, com esses problemas que podem ser identificados cotidianamente, para daí ampliar-se paulatinamente a discussão sobre o meio ambiente urbano/ecologia.

O outro enfoque usualmente pensado e solicitado é uma abordagem superficial das atividades de lazer que de alguma forma citem (pelo menos na visão distorcida de alguns) uma suposta questão ecológica. Por exemplo, algumas vezes fomos convidados para "fazer recreação em um projeto de dia de educação para a ecologia". Tão questionável quanto pensar que um "dia de educação" é suficiente para tratar a complexidade do problema, era a proposta dos que nos convidaram. Pensavam eles que poderíamos "fazer brincadeiras com músicas de bichinhos" ou "fazer as crianças pintarem flores e animais".

Ora, não preciso nem tecer grandes comentários sobre a limitação e distorção de tal compreensão. Certamente não é nada parecido com isso que estamos propondo. Cremos, sim, que o animador cultural tem nas atividades de lazer grande potencial de contribuição para que as comunidades de baixa renda pensem e repensem sobre as questões relativas ao meio ambiente urbano. Mais isso se dá quando auxilia a reintegrá-los criticamente à cidade, quando contribui para sua auto-organização e quando revitaliza culturalmente seu espaço de convivência. E por certo esse é um processo longo e que requer muita dedicação, paciência e preparo.

CAPÍTULO 4

LAZER E JUVENTUDE: O LAZER COMO CULTURA E A CULTURA COMO FORMA DE MOBILIZAÇÃO

Seja bem vindo ao meu mundo sinistro,
saiba como entrar
Droga, polícia, revólver não pode,
saiba como evitar
[...]
A sua vida na favela não vale de nada
Até os caras na praça, jogando uma
pelada Discussão, soco na cara, começa
a porrada
Mente criativa, pronta para o mal
Aqui tem gente que morre até por um
real
[...]
Está faltando criança dentro da escola
Estão na vida do crime e o caderno é
uma pistola
Garota de doze anos esperando a dona
cegonha
Moleque de nove anos experimentando
maconha

Bala perdida, falta de emprego,
moradia precária
[...]
Encontrei a salvação na cultura Hip
Hop
Tem outros que entraram para a vida
do crime, querendo ganhar IBOPE
Se você tiver coragem, vem aqui para ver
A sociedade dando as costas para a
C.D.D. (Cidade de Deus)
Traficando informação
Diariamente convivendo com essa
situação.[1]

Esta letra do *rapper* MV Bill concede o argumento central deste artigo, com base em uma pergunta inicial a ser respondida: de que jovem estamos falando quando pretendemos discutir o lazer entre os jovens? Trata-se logo, desde o início, de assumir o local do qual estarei falando e disso adotar uma visão de mundo diacrônica para abordar o assunto.

Para os que pensam que é exagerada a letra da música, basta recorrer a alguns dados do IBGE[2] para que seja possível verificar a gravidade da situação à qual está exposta a juventude brasileira:

---

[1] "Traficando Informação", Letra de MV Bill.

---

[2] Tais dados foram obtidos nas seguintes reportagens: POBREZA atinge 24 milhões de jovens. *Jornal do Brasil*, Rio de Janeiro, caderno Brasil, p. 4, 18 de dezembro de 1999; ESCÓSSIA, Fernanda da. Jovem vive entre tráfico e desemprego. *Folha de São Paulo*, São Paulo, caderno Cotidiano, p. 6-3, 6 fev. 2000; LEAL, João Carlos. Classe média violenta. *Jornal do Brasil*, Rio de Janeiro, caderno Cidade, p. 17, 20 fev. 2000.

* *Números de adolescentes*

No ano 2000, o Brasil terá cerca de 17,3 milhões de adolescentes (entre 15-19 anos).

* *Renda mensal*

Em 1997, entre a população de 0 e 24 anos, cerca de 24 milhões tinham renda mensal *per capita* inferior a meio salário mínimo.

* *Escolaridade*

Em 1997, na população entre 15 e 19 anos, 19 % não tinham nem 4 anos de escolaridade, sendo considerados analfabetos funcionais.

* *Trabalho*

Destes, 27,8 % estão inseridos no mercado de trabalho, mas apenas 25 % conseguem associar trabalho e estudo. Pior, muitos precisam trabalhar e não conseguem inserir-se em um mercado cada vez mais restrito. Sobre isso, afirma o mesmo MV Bill:[3]

> *[...] Na sua cabeça, não tinha vez para*
> *a violência*
> *Pedia emprego e exigiam boa aparência*
> *Não era respeitado, era discriminado*
> *A opressão era tanta que acabou ficando complexado*
> *Seu filho em casa, barriga vazia,*
> *eu tinha certeza que não era aquilo que*
> *eu queria*

[3] "Um Crioulo com uma arma", composta por MV Bill.

Aceitavam preto como faxineiro a um
tempo atrás
Agora nem pra isso ele serve mais
A sociedade fechou as portas para um
cidadão
Que ficou revoltado, com uma opção
E essa opção morava ao lado,
entrou para a vida do crime querendo
ser respeitado [...]

* *Violência*

Em 1997, no Brasil, quase 75 % dos óbitos entre 15 e 19 anos foram por causa violenta. No Rio de Janeiro, em 1996, houve 112,7 homicídios por 100 mil habitantes na faixa de 15 a 24 anos, a maior taxa do país. Dos processos judiciais, 60 % estavam ligados ao tráfico de droga. Cabe destacar que os problemas com a violência não se circunscrevem somente às camadas populares. Entre 1998 e 1999, no Rio de Janeiro, subiu de 2 % para 15 % o número de jovens com situação financeira estável envolvidos com crimes diversos.

* *Lazer*

Só na região metropolitana do Rio de Janeiro, 100 mil jovens de 15 a 24 anos têm poucas opções de lazer e ficam em casa sem fazer nada. 305 mil não têm emprego ou escola e somente ajudam nas tarefas domésticas:

No subúrbio, o Rio é outra cidade, e a
juventude é diferente da que lança
moda na praia da zona sul. Esse jovem

de subúrbio quando vai à praia, lota o metrô, faz barulho no ônibus e assusta a classe média.[4]

Tal problemática também não passou despercebida pelos *rappers,* intérpretes das dificuldades do cotidiano das comunidades de baixa renda. Por exemplo, nas músicas "Contraste Social" (MVBill) e "Fim de Semana no Parque" (Racionais MC), podemos encontrar um retrato crítico e fiel das dificuldades de acesso ao lazer sentidas pelas comunidades mais pobres.

Enfim, como bem resume a jornalista da Folha de São Paulo:

> *Entre o tráfico e o desemprego, o jovem pobre do Rio se atrasa na escola ou deixa de estudar. O jovem do subúrbio vê TV, mas não lê nem vai ao cinema. Ouve muito* funk, hip hop *e pagode. E sonha: com emprego, futebol e fama. Mas há também quem, com 18 anos, se ache velho e não sonhe mais com nada.*[5]

Procurei ressaltar bastante a fala de *rappers*, e também utilizar uma de suas letras para começar este texto, por aí encontrar não somente denúncias, como também apontamentos de uma possibilidade de atuação, expressa também na coerência de suas atitudes. A solução para MV Bill, um jovem criado na favela da Cidade de Deus,

---

[4] ESCÓSSIA, op. cit., p. 6-3.

[5] Ibid., p. 6-3.

veio exatamente da cultura *Hip-Hop,* movimento que, como aponta na citação anterior a jornalista, tem sido bastante procurado pelos jovens da periferia.

A questão central e a possibilidade de atuação com esses jovens, à busca de mobilizá-los para a conscientização da necessidade de superação da ordem social, parece estar bastante baseada no âmbito da cultura. Possibilidade, aliás, como mesmo denunciada nas letras daqueles compositores, negada e pouco incentivada pelos poderes públicos constituídos.

Devemos considerar, todavia, que além da carência de opções de lazer e de estarem cercados por uma comunidade na qual as contradições sociais afloram mais visivelmente, por certo a juventude de hoje se encontra ainda mais fortemente cercada pelas mais diversas iniciativas de manipulação cultural, até porque são considerados como um dos principais "nichos de mercado", sem falar que uma certa "juventude idealizada" passa a ser tida como modelo de padrão de "saudabilidade social" (um fenômeno já bastante discutido em alguns países europeus, denominado "adoscentilização da cultura").

Os próprios parâmetros culturais modificaram-se profundamente nos últimos anos, em um mundo que privilegia a informação rápida, os símbolos sem significado aparente, a fragmentação. A linguagem construída e integral da cultura popular de outrora se vê afrontada pelo frenesi da linguagem *clip*, em que muitos *frames* por segundo sequer nos permitem compreender exatamente o que se passa na tela. O individualismo e o niilismo, próprios do período pós-guerra, exacerbam-se ao máximo. Para que pensar no outro?

Por que pensar no amanhã se o hoje sequer parece existir? Encalacrados em si mesmos, descrentes do futuro, preocupados em sobreviver em um mundo de desemprego, o jovem supostamente se afastaria, abstendo-se de participar e intervir ativamente na sociedade.

Entretanto, sem negar a gravidade e complexidade do problema, é importante perceber que, como esses jovens estão cada vez mais cedo expostos às contradições da sociedade, acabam também por gerar em seu cotidiano uma cultura específica e algumas formas de resistência, mesmo que de maneira diferenciada das que usualmente, enquanto "intelectuais", costumamos conceber e esperar. Como afirma Anthony Giddens (2000, p.30-31), afastando-se de qualquer pensamento linear e pessimista, afastando-se de qualquer forma de encarar o problema extremamente baseado na compreensão de completa vitória da indústria cultural:

> *Os adolescentes de hoje, diferentemente dos gerados pela contracultura nos anos 60, estão menos preocupados com a política e luta de classes e mais interessados em questões como direitos humanos, ecologia e direitos sexuais; enfim, valores mais universais do que os de antes.*

Enfim, longe de negar que nossos jovens estão submetidos à situação de risco, opressão e dominação, devemos perceber que desse mesmo processo surgem formas de resistência nem sempre vinculadas ao sentido "clássico" da política. Obviamente esse é um processo nem sempre claro, quase sempre confuso.

Nesse sentido é que devíamos verificar como podemos trabalhar com base nas próprias especificidades das linguagens em uso e/ou geradas pelos jovens. Linguagem *clip*, internet, publicidade, cultura *Hip Hop* (e o movimento *Rap* em geral) são elementos com os quais devemos aprender a lidar com urgência.

Obviamente que devemos encarar tais possibilidades de forma crítica, evitando os riscos dos "culturalismos" e a desconsideração para com a questão econômica e com a luta de classes. Trata-se de pensar novas formas de atuação e intervenção para além das formas usuais/tradicionais. É importante que fique claro que não estou dispensando a necessidade das formas usuais de política, mas simplesmente chamando a atenção para que compreensões macro não venham a abolir a riqueza das abordagens micro. E isso não significa utilizar a "cultura" como chamariz da "política", mas considerar que na "cultura" em si existem formas de conscientização e resistência que se diferenciam do sentido clássico da "política". No caso dos jovens, devido à atual configuração da sociedade, tal perspectiva de atuação para ser alvissareira, e encontramos no animador cultural e nos programas de lazer um enorme potencial de intervenção.

Com certeza isso não é tão fácil quanto o anunciado e traz grandes desafios a serem vencidos. O primeiro deles é o próprio paradoxo da cultura, ao mesmo tempo forte instrumento de dominação e grande possibilidade de reflexão. Não parece fácil lidar com uma indústria cultural que rapidamente transforma o que é contestação em meio de manutenção do *establishment*. As saídas para lidar com isso ainda estão para ser desvendadas profundamente e somente a experiência cotidiana, em cada caso, pode-nos conceder indicadores mais seguros.

Além disso, temos que lidar com o desafio de romper as rígidas fronteiras da universidade. Por mais que eu utilize uma série de letras de *Hip Hop* e procure estar atento aos movimentos da cultura urbana das camadas populares, efetivamente não estou inserido nesses movimentos, não domino completamente os códigos, nem tampouco estou exposto às contradições daquele grupo. Sem falar que a forma com a qual a universidade hoje se organiza, com uma estrutura burocrática terrível e deteriorada pela ação de governantes irresponsáveis (ou melhor, responsáveis por encaminhar um projeto que interessa às elites), muito dificulta tal proximidade.

Aliás, interessantes projetos com jovens de comunidade de baixa renda têm sido desenvolvidos exatamente por artistas e/ou pessoas das comunidades, e nem sempre por professores e grupos acadêmicos organizados. Lógico que não é reprovável que a própria comunidade esteja organizando seus caminhos, muito pelo contrário. Mas com certeza tanto universidades quanto comunidades poderiam ganhar se houvesse um diálogo melhor estruturado e uma atuação conjunta mais constante.

Por fim, temos que reconhecer que a atuação no âmbito da cultura não é suficiente para promover uma completa mudança na ordem social, até porque, devido aos paradoxos já expostos, seu poder é bastante relativo. Um dos meus cineastas preferidos, François Truffaut, é bastante cruel ao comentar tal compreensão. Quando perguntado sobre um de seus filmes (*Fahrenheit 451*, uma ficção científica sobre o patrulhamento à leitura, pela queima de livros), ele afirma:

> *Não pretendi transmitir qualquer mensagem, mas apenas mostrar uma forma de luta contra a autoridade. Fahrenheit é contra o poder em geral, na medida em que o poder subestima a cultura ou dá-lhe importância exagerada, ao fingir que acredita que um filme, uma peça de teatro, um romance [...] realmente possam ser perigosos.*[6]

De qualquer forma, a despeito das polêmicas, continuo achando que trabalhar com as manifestações culturais que surgem e ganham força entre os jovens é uma dimensão de grande potencialidade para todos que pretendem contribuir para a construção de uma nova ordem social. Obviamente, deve-se compreender o animador cultural como um mediador, que trabalhando com as especificidades culturais locais procura também resgatar elementos da cultura popular deteriorada, difundir manifestações da cultura erudita e resistir à ação da indústria cultural, sempre considerando as possibilidades da cultura para direta ou indiretamente contribuir para o ampliar da consciência social do local onde se insere.

No entanto, para trabalhar nessa perspectiva, precisamos estar cada vez mais antenados e dispostos a

[6] GILLAIN, Anne (org.). *O cinema segundo François Truffaut.* Rio de Janeiro: Nova Fronteira, 1990. p. 174.

compreender esses movimentos que são gerados pela juventude, nas ruas e em seu cotidiano. Também devemos estar dispostos a melhor compreender a dinâmica de vida desses jovens, afastando-nos de qualquer resquício de moralismo e conservadorismo em nossas abordagens. E por fim, devemos afastar-nos tanto de posturas ingênuas e extremamente otimistas, quanto de posturas por demais pessimistas, acerca de nossas possibilidades de intervenção.

Para concluir esse texto quero apresentar uma outra música, que sintetiza o que procurei argumentar. É uma composição do grupo O Rappa, que aliás vem desenvolvendo um trabalho muito interessante na comunidade de Vigário Geral, exatamente utilizando a cultura como estratégia de mobilização:[7]

O negro pisou no topo do morro
Pegou sua viola e tocou pro povo
Pro povo do crime
Que foi chegando e colocando
As suas armas devagar no chão
O mesmo chão que guarda o sangue
O mesmo chão de correrias
O mesmo chão de tantas famílias
Que hoje batucam o mesmo som

Na palma da mão pra aliviar

O negro brilhou e ajudou
Aquelas almas distorcidas pela guerra

[7] "Na Palma da Mão". Letra de Marcelo Yuka.

Só com a viola, só com a voz
Só com a viola suas ideias
O negro falou alto
Inspirou uma calma
E misteriosamente alegre é
Sufocando o pior dos bandidos

E em troca deixou lágrimas
Nos olhos do artista
Lágrimas, lágrimas
Na palma da mão pra aliviar

Hoje mesmo, hoje
Quando o barulho dos tiros sinalizam
O que acontece lá

Uma comunicação silenciosa
Se faz com a memória das armas no chão
Por algum momento
Ganhando outra missão

Mais uma vez podemos perceber como alguns grupos estão mais concretamente ligados com a situação e com as necessidades dos jovens de camadas populares do que nós, professores universitários, muitas vezes literalmente aprisionados nas universidades. Eles, logo, devem ser parceiros em nossa reflexão e em nossos projetos de atuação. Afinal, como disse bem MV Bill, é cada vez mais necessário o tráfico... o tráfico de informações.

Capítulo 5

TERREIRÃO DO SAMBA: RESISTÊNCIA E CONTRARRESISTÊNCIA NO CARNAVAL DO RIO DE JANEIRO

Samba
Agoniza mas não morre
Alguém sempre te socorre
Antes do suspiro derradeiro
Samba
Negro forte destemido
Foi duramente perseguido
Na esquina, no botequim, no terreiro
Samba
Inocente, pé no chão
A fidalguia do salão
Te abraçou, te envolveu
Mudaram toda tua estrutura
Te impuseram na cultura
E você nem percebeu[1]

"Tá legal, eu aceito o argumento
Mas não altere tanto o samba assim
Olha que a rapaziada está sentindo a falta
De um pandeiro, um cavaco, um tamborim[2]

O carnaval é sem sombra de dúvida uma das mais importantes manifestações culturais e opções de lazer do povo brasileiro. No caso do Rio de Janeiro, a folia não se restringe aos tradicionais quatro dias, sempre aliás ampliados para a quarta-feira de cinzas e muitas vezes se prolongando pelo fim de semana posterior ao término "oficial" da festa (sob constantes protestos da Igreja Católica, que insiste em tentar impor sua lógica religiosa a toda a população).

Já em setembro do ano anterior, uma de suas facetas mais conhecidas na cidade, as Escolas de Samba, começam suas atividades, com os ensaios e a escolha do samba-enredo. Em dezembro, começam também os ensaios de bandas e blocos carnavalescos.[3] Essas são agremiações que têm suas raízes fincadas nas origens do carnaval do Rio de Janeiro, sendo menos conhecidas no cenário nacional, abafadas pela fama das Escolas de Samba.[4]

Enfim, há um movimento crescente que modifica substancialmente, causando "distúrbios", o cotidiano da cidade nos meses que antecedem a festa. Tanto as-

---

[1] "Agoniza, mas não morre". Letra de Nélson Sargento.

---

[2] "Argumento". Letra de Paulinho da Viola.

---

[3] Tais agremiações tocam marchas carnavalescas, frevo, maracatu, sambas-enredo, desfilando pelas ruas de forma gratuita, sempre seguidas de um enorme séquito. Entre as agremiações mais famosas, podemos destacar: a Banda de Ipanema, o Simpatia é Quase Amor; o Suvaco do Cristo; o Concentra Mas Não Sai; o Bloco do Cachorro Cansado, o Cacique de Ramos; e o tradicional Cordão do Bola Preta, a mais antiga do carnaval carioca ainda existente, fundada em 1918.

---

[4] Maiores informações sobre os blocos e as bandas carnavalescas podem ser obtidas no estudo: ARAÚJO, Rosa Maria Barboza de. *A vocação do prazer — a cidade e a família no Rio de Janeiro republicano*. Rio de Janeiro: Rocco, 1993.

sim, que é corrente a afirmação de que o ano só começa realmente após o carnaval.

As discussões sobre os destinos e as mudanças na estrutura do carnaval carioca, principalmente destinadas a analisar os desfiles das Escolas de Samba, são das mais diversas ordens[5] e muitas vezes eivadas de grande saudosismo. Sérgio Cabral, importante pesquisador do carnaval carioca, costuma falar que, na verdade, o tom de saudosismo não se refere especificamente aos carnavais antigos, mas sim às próprias vivências individuais, afinal, os carnavais da juventude são sempre mais marcantes e tendem a parecer melhores.

De qualquer forma, não se pode negar que as vivências do carnaval carioca se alteraram muito no decorrer do tempo. Inicialmente originário de uma festa portuguesa (o "entrudo"[6]), logo adendaram-se às fantasias e brincadeiras da manifestação original,

---

[5] Atualmente o assunto é inclusive frequentemente motivo de estudo em cursos de pós-graduação e de reflexões de importantes intelectuais. Vale destacar dois estudos por sua importância e pioneirismo: DAMATTA, Roberto. *Carnavais, malandros e heróis: para uma sociologia do dilema brasileiro.* Rio de Janeiro: Zahar, 1981; VALENÇA, Rachel. *Palavras de purpurina. Estudo lingüístico do samba-enredo (1972-1982).* Niterói: Universidade Federal Fluminense, 1984. Dissertação de Mestrado.

[6] Maria Clementina Pereira da Cunha afirma que: "Acostumamo-nos a pensar o entrudo como brincadeira de jogar água, lama, ovos, farinha, tinta e até urina uns nos outros (essa é a forma pela qual ele é habitualmente descrito pela bibliografia e por muitos dos cronistas da época). Mas, na verdade, o entrudo era apenas uma palavra que designava um período, uma festa móvel de 3 dias, em que se podia brincar de muitas formas e inverter, de diferentes maneiras, algumas regras do cotidiano" ("Você me conhece? 'Significados do carnaval na Belle Époque carioca' Projeto História, São Paulo, n. 13, p. 93-108, jun./1996. p. 97).

o espírito irreverente do carioca e o ritmo dos tambores, pioneiramente presente no "Zé-Pereira". [7]

O carnaval, que surgira entre as elites, logo ganharia contornos diferenciados ao ser apreendido pelas camadas populares, a partir e nas tradições da realização de festas religiosas de largo (Festa da Glória, Festa da Penha, entre outras), cada vez mais profanas.[8]

Obviamente que tal manifestação cultural não passou incólume pelas tentativas de "saneamento" e "civilização" da cidade, já que muitas vezes era relacionada aos costumes das camadas populares, considerados desregrados, grosseiros, "bárbaros" e atrasados. Um exemplo claro de tal ação pode ser encontrado no período conhecido como Belle Époque carioca (anos finais do século XIX e iniciais do XX), quando se tentou a todo custo "regulamentar" a prática, sem, no entanto, completo sucesso. De fato, é fundamental sempre pensar o carnaval carioca na perspectiva de contínua resistência e contrarresistência.[9]

---

[7] Segundo Luis Edmundo, importante memorialista da cidade do Rio de Janeiro, o "Zé-Pereira" era uma manifestação, inventada da iniciativa do sapateiro português José de Azevedo Paredos, que se constituía de: "7 ou 8 maganos vigorosos, tendo por sobre os ventres empinados satânicos tambores, caixas de rufo ou bombos, que por entre alucinantes brados, passam pelas ruas, batendo, surrando, martelando, com estrondo e fúria, a retesada pele daqueles roncos e atroadores instrumentos" (O Rio de Janeiro do meu tempo. Rio de Janeiro: Conquista, 1957. p. 767).

[8] Sugiro, para os que desejarem maiores informações, o estudo: SOIHET, Rachel. *A subversão pelo riso — estudos sobre o carnaval carioca da Belle Époque ao tempo de Getúlio.* Rio de Janeiro: Editora da Fundação Getúlio Vargas, 1999.

[9] Interessante destacar que Rachel Valença (op. cit.) considera que no carnaval há até mesmo uma *"inversão momentânea da estrutura social"* (p. 18). Maiores informações sobre as tentativas de controle e "saneamento" do carnaval carioca podem ser obtidas nos estudos de: Araújo (op. cit.), Cunha (op. cit.) e Jeffrey Needell (*Belle Époque tropical.* São Paulo: Companhia das Letras, 1993).

Mas o objetivo desta reflexão não é discutir todas as manifestações do carnaval carioca. Nem tampouco reproduzir um clima de saudosismo (e teria impulsos para tal, afinal sou um carioca que vive com intensidade o carnaval da cidade desde a infância). Também não pretendo apostar na definitiva "distorção" do carnaval do Rio de Janeiro, até porque tendo a encarar de forma não linear e não mecânica a relação entre dominador e dominado, não acreditando que a indústria cultural tenha o poder supremo da eliminação completa das manifestações da cultura popular. Meu intuito neste artigo é refletir sobre os caminhos do carnaval carioca, especificamente tendo como foco de análise um importante espaço popular: o Terreirão do Samba. Para alcance do objetivo, estive inspirado por algumas influências teóricas, mas também por minha experiência pessoal de frequentador deste local.

O Terreirão do Samba se localiza na Praça Onze, ao lado da Passarela do Samba (mais conhecida como "Sambódromo") e aproximadamente no mesmo espaço em que outrora, da mistura de baianos que habitavam a Favela da Providência e membros da classe média carioca, surgiu o samba carioca nas feições aproximadas dos dias atuais, em que se destacam e são mais conhecidos o samba de enredo, o samba de exaltação, o partido-alto e o pagode.[10]

Como espaço institucionalizado atual, o Terreirão se origina paralelamente ao surgimento da Passarela do

[10] A Praça Onze é um lugar bastante tradicional e de grande importância no carnaval carioca. Uma discussão interessante sobre tal espaço, pode ser encontrada no estudo: MOURA, Roberto. *Tia Ciata e a pequena África no Rio de Janeiro*. Rio de Janeiro: Secretaria Municipal de Cultura, 1995.

Samba (1984), imensa estrutura de concreto construída na primeira gestão de Leonel Brizola no governo estadual, com iniciativa do então secretário de governo Darcy Ribeiro, tendo sido planejada pelo arquiteto Oscar Niemeyer. O Sambódromo foi construído no mesmo local onde os desfiles de Escolas de Samba vinham ocorrendo desde a década de 70 (Rua Marquês de Sapucaí), acabando com o monta-desmonta anual de arquibancadas para o público assistente.

Como tudo o que cerca o carnaval do Rio de Janeiro (e porque não dizer, a cidade inteira), tal construção foi cercada de polêmicas, entre as quais algumas referentes a frieza do espaço para a realização de festa tão "quente" e animada. Além disso, naquele momento já se sentia a elitização crescente dos desfiles das Escolas de Samba, com o aumento do preço dos ingressos e do luxo das escolas, o que exigia um maior poder aquisitivo para a obtenção das fantasias e para a participação nos espetáculos. Já cada vez mais os moradores das comunidades de origem estavam restritos à bateria, à ala das baianas, à função de mestre-sala e porta-bandeira e a uma ala específica (ala da comunidade).[11]

Parece-me claro que a ocupação da Praça Onze com barracas de bebida e comida e com espetáculos de samba que não de enredo surge naquele momento com forma de resistência/reelaboração: a busca de opção para os que desejavam ouvir sonoridades diferentes e/ou mesmo que não podiam pagar para participar do caro

[11] Importante observar que mesmo em menor número, os membros da comunidade ocupam postos de grande importância para a realização do espetáculo. Da mesma forma, mesmo nessas alas é cada vez maior o número de indivíduos de "fora da comunidade".

espetáculo dos desfiles. À ditadura do Sambódromo, cada vez mais desapropriado da população e influenciado pelos meios de comunicação de massa, o carioca, como de costume na história da cidade, formulava alternativas para manter suas tradições e suas possibilidades de diversão.

Foi no início da década de 90 que comecei a frequentar o Terreirão do Samba, encantado pela diversidade de opções e pelas características do espaço. Não sendo por certo membro das camadas populares, não poucas vezes fui alertado sobre o risco de tal frequência, supostamente perigosa e arriscada. Afinal, nossa classe média é daquelas que adora anunciar a mistura de classes, mas sempre que pode prefere deixar claro a distância e a diferença, sendo constante o argumento da violência dos espaços populares.

Nenhum dos avisos, contudo, foi suficiente para impedir-me de participar daquele espaço, onde me deliciava com uma certa "organização desorganizada". Barracas aparentemente precárias, com toldos de cores diversas, sempre com uma espontaneidade deliciosa, a cerveja gelada (de garrafa, pois quem bebe cerveja sabe o quanto a lata muda o paladar da bebida) e uma comida "típica" (para um membro das camadas médias, pois para as camadas populares eram usuais), simples e amistosa.

Além disso, em um palco longe das melhores condições técnicas, tinha a possibilidade de assistir grandes nomes do samba carioca. Sem falar que os grupos afro da cidade (Filhos de Gandhi, Oruminla, entre outros) organizavam apresentações informais em suas barracas, tornando mais difusa e rica a sonoridade do ambiente. Por certo foram noites e madrugadas (e às vezes dias) intermináveis e divertidos.

Logo fiz amizade e tornei-me cliente fiel de um dos barraqueiros ("Barraca da Rose"), afinal sem a barraca não há festa de largo. Aliás, as barracas são verdadeiras instituições que se organizam como simulacros de família, nas quais clientes marcam para encontrar seus grupos e logo grupos se entrecruzam, capitaneados pelo responsável pela barraca.

Para que tenha sucesso e seja frequentada, a barraca deve atender a alguns requisitos básicos: simpatia, mas com firmeza para repelir os mais "abusados"; cerveja gelada (isso é indiscutível); comida de qualidade e sempre pronta a ser alterada, caso haja solicitação dos clientes mais fiéis;[12] mesa sempre reservada para os clientes "da casa"; a possibilidade de passar cheques (sempre motivo de desconfiança quando você não conhece o dono da barraca) e até mesmo, em casos extremos, "pendurar a conta" para o dia seguinte; sem falar na concessão daquelas cervejas de "lambuja" na hora de "fechar a conta", quando a quantia justifica tal investimento.

Enfim, a barraca é um importante espaço de referência no meio daquele "mundaréu" de gente disposta a divertir-se. E com tantos atrativos, logo outros amigos, também de classe média, muitas vezes por mim convidados, "chegaram junto" e começaram a tornar-se *habitués* do espaço. Já não mais se discutia: carnaval é no Terreirão!

---

[12] No meu caso, por exemplo, já que tenho algumas restrições alimentares devido à minha opção religiosa, a Rose estava sempre pronta a preparar um caldo de mocotó sem feijão branco.

Com o decorrer do tempo, contudo, a Prefeitura supostamente começou a organizar aquele espaço outrora informal. Primeiro, o palco abandonou sua precariedade e deu lugar a uma estrutura de concreto, que lamentavelmente é pouco utilizada no decorrer do ano. Ponto para a organização: nada como ouvir de forma mais clara os "bambas" que tanto nos encantavam. Depois, instalaram alguns banheiros móveis. Mais um ponto para a organização: chega de sujar a cidade e expor as intimidades pelos cantos da Praça Onze.

Entretanto, com o passar do tempo a coisa começou a ficar preocupante. Resolveu-se cercar (cercear?) o espaço, antes completamente aberto, e cobrar pelo ingresso, sobre o suposto argumento de conferir mais segurança (mais uma vez a representação de que os espaços populares são os mais perigosos) e conforto. Assim, surgiram as catracas eletrônicas, os ingressos magnéticos e os "seguranças" espalhados pelo Terreirão.

Antes era a turma do "deixa-disso" que separava as brigas, até certo ponto não incomuns quando há uma grande aglomeração, ainda mais quando a bebida alcóolica e a sensualidade da festa deixam os "nervos mais à flor da pele". Vale observar que nos anos em que o Terreirão não era cercado, não vi nada de absurdo, se comparado a outros espaços da cidade. Sim, houve brigas, mas que também ocorrem em qualquer festa aberta.

É óbvio que todos desejam mais segurança, mas se a Prefeitura investe alguns milhões nas Escolas de Samba,[13] por que não poderia investir alguns milhares

[13] No ano 2000, sob o argumento de que o desfile era comemorativo aos 500 anos de "descoberta" do Brasil, a Prefeitura investiu 7 milhões de reais somente em doação às Escolas.

para garantir de maneira gratuita o carnaval popular? Poderia até contratar "seguranças", mas seria necessário cercar e cobrar ingressos? Mais uma vez parecia a velha iniciativa de "saneamento", tantas vezes presente na história do carnaval. Mesmo sendo preocupante, não se deixaria de ir ao Terreirão por causa de R$ 1,00 (preço cobrado inicialmente).[14]

Há dois anos a intervenção "organizadora" (saneadora?) do poder público começou a ficar mais acentuada. Devido às injunções de mercado e à necessidade de financiamento, estabeleceu-se um monopólio de uma cervejaria para as barracas. Além do direito de escolha ser cerceado (e quem bebe cerveja sabe o quanto a marca da cerveja faz diferença), tínhamos que beber exatamente a cerveja menos apreciada no gosto geral da população. E ainda era em lata, não mais em garrafa. Havia um verdadeiro "tráfico" de cerveja de marcas preferidas pelo espaço.

Além disso, as barracas foram uniformizadas, o que se não era de todo ruim, não deixava de significar uma intervenção exagerada. Ainda assim, permanecia bastante do espírito do Terreirão e a música continuava "de primeira". Que saudade da Jovelina Peróla Negra, recentemente falecida, que tantas vezes vi por lá cantar!

No ano de 2000, a coisa chegou ao limite da tolerância. Como de costume, logo me animei quando vi o início das atividades do Terreirão. Começei a lembrar e sentir saudades da Rose e me imaginei ouvindo música

[14] Obviamente que pude ouvir diversos protestos verbais na entrada: "Mer'mao, agora além de encarar uma fila, ainda tomo uma cerveja a menos!!!"

de qualidade, atravessando as madrugadas, esperando o dia raiar, sem preocupar-me com nada.

E assim mais uma vez, com os velhos amigos de sempre, compareci ao Terreirão. Paguei os R$ 3,00(!!) de ingresso, encarei uma fila de entrada e procurei a Rose. Mas lá chegando, coisa diferente encontrei. De início, tudo até correu bem. A cerveja e a comida na Barraca da Rose continuam perfeitas. Nélson Sargento e Wálter Alfaiate (samba da melhor qualidade) se preparavam para sua apresentação. Mas eles eram só um (delicioso) aperitivo para o péssimo jantar que estava para ser servido.

Patrocinados por uma rádio "líder de audiência" no Rio de Janeiro, grupos de "neo-samba" (se é que se pode chamar aquilo de samba), desfilavam seus *hits* melosos, suas letras superficiais, sempre seguidas de "coreografias". É claro que grande parte do público modificara-se e por certo gostava da música que, aliás, cotidianamente lhes é imposta pela indústria cultural. O samba de tradição perdera lugar no espaço que foi criado exatamente pelos que originariamente queriam para ele (e devido a ele) buscar uma opção.

Por certo, aí está uma discussão complexa: o que é música e samba de qualidade e de tradição? Creio que as reflexões de Milton Santos (2000, p. 18-19), são adequadas para explicitar uma compreensão acerca de tal questionamento. Afirma o autor:

> *O conceito de cultura está intimamente ligado às expressões de autenticidade, da integridade e da liberdade. Ela é uma manifestação coletiva que reúne*

heranças do passado, modos de ser do presente e aspirações, isto é, o delineamento do futuro. Por isso mesmo, tem de ser genuína, isto é, resultar das relações profundas dos homens com seu meio, sendo por isso o grande cimento que defende as sociedades locais, regionais e nacionais contra as ameaças de deformação ou dissolução de que podem ser vítimas.

O autor chama a atenção para a necessidade de discutirmos profundamente a ação da indústria cultural, de maneira que não consideremos como similares manifestações culturais que são produzidas de lógicas bastante diferenciadas. De forma contundente, Santos (2000, p. 18-19) afirma:

O Brasil, pelas suas condições particulares desde meados do século 20, é um dos países onde essa famosa indústria cultural deitou raízes mais profundas e por isso mesmo é um daqueles onde ela, já solidamente instalada e agindo em lugar da cultura nacional, vem produzindo estragos de monta. Tudo, ou quase, tornou-se objeto de manipulação bem azeitada, embora nem sempre bem-sucedida.

Pergunta-se, com base nisso: por que a Prefeitura em vez de estar tão preocupada com o "saneamento" do espaço, não investiu na contratação de grupos/cantores que expressem de forma mais genuína e profunda as relações do povo carioca com seu meio, como no passado fizera com Jorge Aragão, Martinho da Vila, Dona Ivone Lara? Afinal, não deve ser preocupação dos poderes públicos contribuir com a formação cultural de seu povo, em vez de estimular a difusão das "escolhas" da Indústria Cultural? Seria adequado a Prefeitura "vender" (entregar) aquele espaço para uma rádio de grande audiência (mercado)?

Curioso ainda, é que essa mesma Prefeitura organizou na Cinelândia um palco popular aberto, tentando "reviver" os bons carnavais de antigamente. Contudo, por que não fez o mesmo com o Terreirão do Samba? Seria exagero afirmar que isso estaria no mesmo contexto do processo de "saneamento", sempre sob o suposto argumento de organização? Estamos, na verdade, assistindo a uma estratégia de "desorganização" (contrarresistência).

Uma prefeitura comprometida com a construção de uma sociedade mais justa deveria investir em cultura e não na indústria cultural, pois assim está abrindo as portas para que essa instale hábitos, compreensões e gostos que somente interessam às elites, destruindo a autenticidade das camadas populares. As palavras de Milton Santos (2000, p. 18-19), são bem adequadas para refletirmos sobre o que houve com o Terreirão:

> *[...] é frequente que as manifestações genuínas da cultura, aquelas que têm obrigatoriamente relação com as coisas profundas da terra, sejam deixadas de*

lado como rebotalho ou devam se adaptar a um gosto duvidoso, dito cosmopolita, de forma a atender aos propósitos de lucro dos empresários culturais.

Decepcionado, mas esperançoso, ainda voltei no outro dia ao Terreirão. Contudo, a dinâmica do espaço realmente fora alterada. Menos uma opção para as noites de carnaval, pois nas manhãs e nas tardes muitos blocos e bandas resistem bravamente, embora tantas outras tenham desaparecido e mesmo algumas atuais estejam mudando sua forma de festejar.

Surpreendentemente (ou não), na Lapa (velho reduto de boêmia), onde se anunciava um carnaval alternativo (com a presença de grupos de *rock* e *hip-hop*), pude assistir finalmente a horas de samba da "melhor qualidade", tradicional e autêntico, com Monarco, João de Aquino, Dorina, D. Surica, Nélson Sargento, Luiz Carlos da Vila, Renatinho de Pilares, Wilson Moreira, Wálter Alfaiate, Marquinhos de Oswaldo Cruz, Mauro Diniz, entre outros.

Por enquanto, a Prefeitura ainda não resolveu "organizar" extremamente aquele espaço da Lapa, e, além da música de qualidade, foi possível até mesmo tomar cerveja de garrafa. Não havia seguranças e também não houve brigas. E mesmo que a presença de grupos de outras sonoridades não tão, a princípio, afeitas ao carnaval fosse constante, era muito interessante ver como tais grupos reverenciavam os velhos sambistas.

Parece que existe uma tendência lamentável a manter o Terreirão como um espaço de difusão da indústria cultural. O que dá esperanças é que, numa cidade como o Rio de Janeiro, por mais que os poderes públicos tentem destruir ou não se empenhem para manter as tradições, muitas vezes utilizando o pretexto de "organização", sempre resistência e contrarresistência andarão em conjunto: a tensão é constante. E seus habitantes mais exigentes encontrarão alternativas para curtir um carnaval tradicional e de qualidade.

Mas, por certo, uma Prefeitura que tivesse um projeto consistente e transformador de cultura/lazer poderia trazer grandes benefícios para a população. E nós, estudiosos do lazer, que cada vez mais deveríamos esforçar-nos para ser pensadores/animadores da cultura, também deveríamos estar atentos para a necessidade de intervir de alguma forma nesse processo de preservação das manifestações da cultura popular, até mesmo porque os órgãos governamentais muitos vezes não o fazem, comprometidos que estão com as elites que os ajudam a eleger-se.

Capítulo 6

CAPACITAÇÃO DE ANIMADORES CULTURAIS: UMA EXPERIÊNCIA NA COMUNIDADE DO MORRO DO BOREL[1]

Introdução

[...] O Rio é uma cidade de cidades misturadas.
O Rio é uma cidade de cidades camufladas.
Governos misturados, camuflados, paralelos,
Sorrateiros, ocultando comandos.[2]

Violência, desordem, caos urbano. Nos últimos anos tem sido comum a associação de tais imagens à cidade do Rio de Janeiro. Em grande parte das vezes, as favelas acabam consideradas como a "personificação do mal", implícita ou explicitamente encaradas como únicas e/ou principais responsáveis por esses problemas que afligem a cidade.

---

[1] Esse trabalho foi desenvolvido em conjunto com o professor Marcos Avellar do Nascimento.

[2] "Rio 40 graus". Letra de Fernanda Abreu, Fausto Fawcett, Laufer.

Existem, sem dúvida, muitos exageros e limitações nessas compreensões exacerbadas e nessa associação linear. A cidade ainda não está imersa totalmente nesse clima de terror como procura divulgar a imprensa. Nem tampouco a culpa de tal situação vem necessariamente das favelas. Se nestas comunidades estão situados setores significativos do crime organizado, estes são minoritários se comparados ao número de pessoas/trabalhadores honestos que lá residem, a despeito das difíceis condições de vida. Além disso, os verdadeiros patrocinadores da "desordem" não moram nas favelas, mas estão muitas vezes bem instalados nas coberturas e mansões das partes nobres da cidade.

A despeito dos exageros, não podemos negar que o aumento da violência urbana, das desigualdades sociais e do processo de favelização da cidade é flagrante. Surgidas no século XIX, desde então tais comunidades cresceram rapidamente, sobretudo nos últimos 20 anos, fruto do aumento denotado da desordem econômica que reina no país e no Rio de Janeiro. Somente na Zona Oeste da cidade, a população residente em favelas passou em 12 anos (1980-1991) de cerca de 65 mil habitantes que viviam em aproximadamente 15 mil residências para mais de 120 mil pessoas residindo em cerca de 29 mil casas.[3] Isto é, praticamente dobrou o número de pessoas que sem outra opção tiveram que se alojar em comunidades dessa natureza.

Na verdade, não devemos considerar todas as favelas de forma homogênea. Entre as mais de 100

[3] MORADIA: escândalo social. In: PIRES, Adilson. *O Rio das desigualdades: Zona Oeste, exclusão e cidadania*. Rio de Janeiro: Partido dos Trabalhadores, 1996.

comunidades desse tipo existentes na cidade do Rio de Janeiro, podemos observar claras diferenças no que se refere às condições de urbanização, ao acesso a direitos sociais básicos (esgoto, água, luz, escola, lazer, entre outros) e a exposição à violência. Todavia, mesmo considerando tais diferenças, não seria equivocado afirmar que grande número de pessoas está vivendo em situação de risco e de baixa qualidade de vida.

Esse é o caso da comunidade do Morro do Borel, um conjunto de favelas localizado no bairro da Tijuca, Zona Norte da cidade do Rio de Janeiro. Mesmo apresentando condições de urbanização um pouco melhores, tal comunidade é uma das mais complicadas devido à violência e à forte ação do crime organizado. O Morro do Borel é inclusive palco de disputas constantes entre os dois grupos mais fortes no comércio de drogas da cidade (Terceiro Comando e Comando Vermelho). É especificamente sobre um trabalho desenvolvido nessa comunidade que pretendemos discorrer neste artigo.

As origens deste trabalho encontram-se na fundação da organização não-governamental (ONG) "Associação Projeto Roda Viva", criada em 1988 por um grupo de profissionais preocupados com a construção/recuperação da cidadania de crianças e adolescentes em situações de risco na cidade do Rio de Janeiro.

A ideia original era mobilizar um grupo multidisciplinar que procurasse abordar os problemas e prestar atendimento a esses grupos, sob os mais diferentes enfoques (saúde, educação, ecologia, esporte e lazer, entre outros), com base em uma perspectiva não assistencialista de cidadania. A preocupação central era contribuir para esclarecer tal população acerca de suas necessidades, estimulando sua autonomia e seu engajamento em ações de reivindicação e de libertação da situação de opressão que os aflige.

O trabalho na comunidade do Borel, escolhida devido ao complicado quadro local e às possibilidades operacionais de acesso, começou em 1990, entre outras ações com a realização de uma Colônia de Férias para 350 crianças na Chácara do Céu, uma das favelas que compõe o complexo comunitário.[4] Foram implementados inicialmente um projeto de alfabetização e uma escolinha de futebol, de acordo com as solicitações da comunidade.

Nosso objetivo neste artigo não é especificamente falar sobre o projeto de esporte/lazer da "Associação Projeto Roda Viva", desenvolvido na comunidade desde então, mas apresentar nossa experiência como consultores e capacitadores de animadores culturais ligados a tal projeto. Pretendemos apresentar as diversas fases pelas quais nosso trabalho passou, as estratégias desenvolvidas para atingir nossos objetivos, os pressupostos teóricos básicos encaminhados, bem como alguns fatores limitantes de nossa atuação.

A capacitação de animadores culturais no Morro do Borel: primeira fase

O trabalho de consultoria e capacitação começou no ano de 1995. Naquele momento, mesmo contra nossa vontade, foram implementados dois projetos separados: um para esporte e outro para recreação/lazer.

---

[4] MACHADO, Marcelo da Silva. O esporte e o lazer na construção da cidadania. ENCONTRO NACIONAL DE RECREAÇÃO E LAZER, 6, Brasília, 1994. *Coletânea de resumos e programação.*

Encarávamos tal separação como uma impropriedade teórica, já que o projeto estava ligado à construção da cidadania do público-alvo, numa perspectiva crítico-superadora. Vislumbrávamos a necessidade de implementar não vários projetos separados, mas um projeto único de lazer, mesmo que com ênfases diferenciadas em diversas atividades, de acordo com os interesses da comunidade.

O argumento utilizado para tal separação era a questão dos financiamentos. Como muitas ONGs, a "Associação Projeto Roda Viva" sempre viveu de incentivos de fundações internacionais (Fundação Ford, Mac Arthur, Kellogs, Unicef, programas específicos do Banco Interamericano de Desenvolvimento, entre outras) e ficaria mais fácil conseguir patrocínio para projetos diversos em vez de somente um unificado.

Na verdade, o relacionamento com essas fundações sempre nos incomodou. Parece-nos claro que tais instituições não estão interessadas efetivamente em promover uma mudança estrutural da sociedade brasileira, mas sim atenuar algumas desigualdades sociais que de alguma forma incomodam os países de origem, conseguir incentivos fiscais em seus países, além da construção de uma "boa imagem" das empresas; uma imagem voltada a um suposto "compromisso social".

Isso ficava denotado até mesmo no salário que nos era oferecido e aos animadores culturais, bem abaixo do que considerávamos adequado. Sem falar que não nos era oferecido nenhum benefício trabalhista (carteira de trabalho, férias remuneradas etc.). Também nos incomodava uma relação de financiamento estabelecida simplesmente com base em estatísticas. Isto é, para garantir a provisão monetária frequente, o projeto deveria atingir um número determinado de "atendimentos" (inscrições), independente de preocupações com a qualidade.

Apesar desses problemas, julgamos ainda assim possível e interessante atuar no projeto pelo significado social que ele poderia ter e pelas mudanças de sentido que poderíamos promover no decorrer do tempo. Tratava-se de tentar subverter as expectativas e intuitos originais das fundações financiadoras, sempre deixando claro para os animadores culturais os limites, as distorções e os reais significados desse tipo de patrocínio.

Por exemplo, um passo concreto se deu com a articulação efetiva das consultorias de esporte e lazer, a despeito de oficialmente serem consideradas como projetos separados. Mesmo que realizadas em momentos diferentes, elas foram construídas de forma conjunta pelos dois consultores. Além disso, os animadores frequentavam ambas as consultorias, independente de sua vinculação original. Dessa forma, na realidade tínhamos um projeto único em desenvolvimento.

A equipe de animadores era basicamente formada por estudantes e/ou recém-graduados em Educação Física, além de alguns jovens que residiam na comunidade. Os professores/acadêmicos eram responsáveis diretos pela intervenção, com o auxílio e acompanhamento dos jovens da comunidade. Já existia a ideia de preparar os moradores para autogerirem suas atividades, embora não tenham sido dado passos concretos nesse sentido. Três projetos estavam implementados e em desenvolvimento: escolinha de futebol, recreação para crianças das creches comunitárias e escolinha de capoeira.

Nosso objetivo era contribuir com conhecimentos teórico-práticos, específicos ou não da recreação/lazer, visando potencializar a atuação desses animadores, bem como supervisionar o desenvolvimento das atividades, estabelecendo um processo de diálogo entre a atuação cotidiana e os conteúdos que procurávamos trabalhar nas sessões de capacitação.

Eram realizadas duas sessões de capacitação por semana, cada uma com 3 horas de duração, em que eram trabalhados conteúdos ligados aos aspectos teóricos acerca do lazer e do papel do animador cultural, aspectos teóricos a respeito do papel do esporte na sociedade contemporânea, reflexões sobre a atual ordem social, especificidades e características das faixas etárias alvo, oficinas diversas ligadas à possibilidades de intervenção, reflexões sobre as especificidades da comunidade. Além disso, quinzenalmente assistíamos as atividades desenvolvidas pelos animadores, tecendo observações e identificando as dificuldades na implementação do trabalho.

Devido à fragilidade de conhecimentos sobre os assuntos e à heterogeneidade da equipe, inicialmente optamos por destinar grande carga horária às discussões teóricas, de forma que construísse um referencial coerente de atuação para/com todos os animadores. Desde aquele momento ficaram estabelecidas algumas bases de nosso projeto de capacitação:

a) qualidade das discussões

Embora já não mais seja grande novidade e esteja longe de ser assunto pouco abordado, as intervenções no âmbito do lazer muitas vezes ainda se desenvolvem pautadas em falta de conceituação e clareza teórica. Assim, frequentemente são observáveis alguns problemas entre os que atuam de alguma forma em atividades ligadas a tal âmbito: a redução das atividades a somente alguns de seus interesses (normalmente os interesses físicos), a reprodução da realidade escolar, o completo esvaziamento de objetivos, entre outros. Enfim, não é incomum o desconhecimento das importantes especificidades que devem ser consideradas em uma atividade desenvolvida sob uma perspectiva de lazer.

A ideia sempre foi deixar claro para os animadores a necessidade de aquisição de compreensões teóricas claras e aprofundadas sobre o assunto, bem como ressaltar a necessidade de articulação entre teoria e prática.

Mesmo com uma equipe heterogênea, nunca pensamos em tornar simplistas as discussões. Tratava-se de efetivamente apresentar os estudos e autores usualmente mais utilizados no âmbito do lazer, acreditando que os animadores teriam a possibilidade de compreender e estabelecer conexões entre os conteúdos apresentados e sua atuação cotidiana, intermediados por nossa atuação para o esclarecimento e a promoção de debates.

b) a compreensão e o respeito pelas especificidades da comunidade

"A novidade cultural da garotada

Favelada, suburbana, classe média, marginal.
É informática metralha.
Sub-UZI equipadinha com cartucho musical.
De batucada digital."[5]

A realidade em que o trabalho do Projeto Roda Viva se insere inspira cuidados maiores. Somente compreendendo que as atividades de lazer, enquanto componentes culturais de uma sociedade, têm características distintas nos diversos meios em que se apresenta, na medida em que sofre influências dos mais diversos aspectos que compõe uma realidade social (aspecto político, econômico, religioso etc.), poderíamos potencializar a prática de nossa equipe, a afastando de posturas "idealistas-ingênuas". Isso é, seria tão questionável acreditar que por si só as atividades de lazer tenham um potencial suficiente para promover uma mudança da estrutura social, quanto acreditar que tais atividades se referem a uma prática desinteressada, sem conexão com a realidade e sem contribuição para a superação do *status quo*.

Caberia aos animadores ter consciência de suas possibilidades, objetivos e limites, para que pudessem dar passos seguros e efetivos. Tal consciência seria gestada com base no conhecimento teórico sobre as especificidades de sua prática, aqui encarada em todos os sentidos. Ou seja, não bastaria conhecer somente os principais conceitos teóricos ligados ao lazer, como também seria necessário entender as peculiaridades da comunidade-alvo – sejam sociais, religiosas, motoras

[5] Rio 40 graus, op. cit.

etc., bem como perceber como tais constructos teóricos se aplicarão na prática pelo elencar de estratégias possíveis.

Mais ainda, não se tratava de apresentar de forma unilateral um modelo de atividades a serem aplicadas, mas sim de estabelecer uma atuação dialógica, em que o animador procuraria intermediar novos conteúdos culturais com os já existentes na comunidade. Reconheceria-se que aquela comunidade tem padrões culturais próprios, que nem sempre são exatamente reflexos da dominação da indústria cultural. Eles também são produtores de cultura, devem ser considerados dessa forma e tal dimensão deveria ser potencializada.

c) o descobrimento da cidade e de suas possibilidades

Quem é dono desse beco?
Quem é dono dessa rua?
De quem é esse edifício?
De quem é esse lugar?
É seu esse lugar.
É meu esse lugar, também é seu.
É, eu quero meu crachá.
Sou carioca. [6]

Um dos grandes problemas identificados na comunidade foi o desconhecimento das diversas possibilidades que a cidade oferece como opções de lazer. Mesmo estando o Morro do Borel situado em uma região próxima dos mais diversos bens culturais, os aspectos

[6] Ibidem.

econômicos (falta de dinheiro para acesso) e culturais (desconhecimento e inibição perante a novas possibilidades) afastavam aquelas crianças e jovens da própria cidade em que vivem.

Trataria-se então de extrapolar as barreiras do morro no desenvolvimento do projeto, realizando atividades que pudessem apresentar às crianças/adolescentes os museus, praias, serras, cinemas e todo tipo de manifestação/monumento cultural da cidade. Mais ainda, que tal variedade de opções pudesse contribuir para que a comunidade viesse a (re)pensar a sua realidade.

Animadores culturais da própria comunidade: segunda fase

Nossa ideia inicial era criar uma estrutura em que a práxis estivesse sempre evidenciada, mas que a ênfase central inicialmente se deslocasse da teoria para a prática. Após a aquisição de conhecimentos fundamentais, seria o momento de reverter: sempre com a práxis em vista, a ênfase central se deslocaria da prática para a teoria. Se primeiro a teoria chamava a atenção para os problemas cotidianos, passaria a ser o cotidiano que indicaria a necessidade de discussão teórica.

Contudo, no segundo ano de trabalho houve uma renovação quase que completa da equipe de animadores, com o desinteresse daqueles ligados diretamente à Educação Física, devido à problemas financeiros e mesmo aos problemas específicos do morro, como a questão da violência.Os problemas com financiamento também atingiram diretamente a equipe de consultoria. Tivemos nossa carga horária bastante reduzida, o que de alguma forma nos deu o argumento definitivo para explicitamente unificarmos os projetos de consultoria.

A grande renovação da equipe de trabalho nos levou a ter que praticamente repetir, de forma aperfeiçoada com base em nossa experiência anterior, a consultoria do primeiro ano. Um fator a ser considerado é que de acordo com o segundo ano somente trabalhamos com jovens da comunidade, o que a princípio poderia significar um problema. Contudo, achamos por bem reafirmar as características originais de nossa ideia, inclusive no que se refere à discussão dos conteúdos.

Na nossa avaliação não só não houve problema significativo, como também foi perceptível um aumento notável do aproveitamento da consultoria. As supostas deficiências teóricas, já que muitos agentes sequer tinham escolaridade avançada, foram plenamente superadas com o decorrer do tempo. Além de tudo, destacamos o engajamento maior desses jovens nas discussões, sempre atentos e dispostos a aperfeiçoar seu trabalho.

Também é interessante observar que, como moradores da comunidade do Borel, esses jovens compreendiam melhor as peculiaridades do local, eram conhecidos por lá terem sido criados e dominavam a linguagem específica dos habitantes. Isso sem dúvida foi fator determinante para a significativa melhora de qualidade da intervenção.

Paulatinamente, as ideias discutidas começaram a ser implementadas de acordo com o que esperávamos inicialmente. Contudo, ainda faltava um salto de qualidade. Faltava identificar mais claramente a elaboração de planejamentos e intervenções do referencial teórico que eles já pareciam dominar, conclusão identificada nos debates realizados por ocasião das sessões de consultoria. Chegara o momento de uma nova mudança.

UM NOVO MOMENTO: A BUSCA DA INTERDISCIPLINARIDADE

Com a manutenção da maior parte da equipe e com os avanços qualitativos no trabalho dos animadores, retomamos a ideia original das experiências práticas de intervenção, tematizando-as em nossas sessões de consultoria.

Além disso, um outro fator nos impulsionava: a perspectiva de interação dos consultores e animadores do projeto de esporte/lazer com os outros projetos em andamento também organizados pela "Associação Projeto Roda Viva". Apontava-se a necessidade de trabalhos multi e fundamentalmente interdisciplinares. De fato, desde o início nos incomodava a existência de vários projetos da Associação Roda Viva na comunidade do Borel que, embora trabalhassem praticamente com as mesmas crianças e adolescentes, não apresentavam qualquer tipo de articulação. Além de nosso projeto de esporte/lazer, havia um projeto de arte-educação e outro de reforço escolar.

Assim, em 1998 resolvemos tentar articular todos os projetos, na perspectiva de construir um trabalho em conjunto. Partiu de nossa equipe tal iniciativa, concretizada em reuniões com os consultores dos outros projetos e depois com todos os profissionais envolvidos. A ideia era inicialmente estabelecer uma temática central a ser trabalhada por todos, abrindo-se perspectivas de inter-relacionamentos entre as equipes.

As nossas reuniões de consultoria passaram a ser destinadas a discutir tal possibilidade, para a programação orientada de atividades e para a discussão de conteúdos que auxiliassem os animadores a montarem sua intervenção cotidiana. Mais ainda, a supervisão e o acompanhamento tornaram-se mais frequentes, pois imaginamos que os objetivos não seriam tão fáceis de serem alcançados.

A despeito do desenvolvimento alvissareiro de tal perspectiva na equipe de animadores de esporte/lazer, os outros projetos não desenvolveram a ideia conforme combinado, não se preocuparam efetivamente com o projeto unificado e mesmo chegaram a abandoná-lo no meio do caminho.

Mais ainda, os problemas de financiamento se acirraram, dificultando a compra de material, a operacionalização de atividades fora do morro e mesmo tornando freqüente o atraso dos salários de animadores e consultores. O problema chegou a tal ponto que para não encerrar o projeto houve redução da carga horária da equipe, nova redução da carga horária dos consultores e, finalmente, a eliminação das verbas de consultoria.

Isso já acontecera antes no que se refere à nossa consultoria, mas sempre havendo a perspectiva de retomada do financiamento. Dessa forma, trabalhávamos alguns meses sem salário, que era pago logo que o financiamento chegava. Dessa vez, contudo, nem mesmo a perspectiva breve de financiamento existia.

Assim, julgou-se mais adequado suspender a consultoria para que o trabalho de intervenção com as crianças não fosse mais prejudicado pelos problemas financeiros.

Expectativas

A despeito da suspensão das atividades de consultoria, temos clareza que a equipe já se desenvolveu o suficiente para dar continuidade com qualidade ao seu trabalho, mas acreditamos que a sua retomada pode não somente garantir a manutenção do estágio já adquirido, como ainda possibilitar a continuidade de aperfeiçoamento constante. Isto é, para nós é central a perspectiva da autogestão da comunidade, mas o acompanhamento continuado pode garantir efetivamente um trabalho de melhor qualidade.

Também devemos ressaltar os limites de atuação de uma organização não governamental, sempre tendo que lidar com os sobressaltos e paradoxos ocasionados por suas fontes de financiamento. Compreendemos que tais iniciativas de intervenção/capacitação deveriam basear-se fundamentalmente nos órgãos governamentais, no estabelecimento de políticas públicas de lazer que efetivamente possam contribuir com a construção da cidadania da população numa perspectiva crítico-superadora, não assistencialista.

Enquanto isso não ocorre, a equipe tenta dar seguimento ao trabalho da melhor forma possível, até mesmo porque a despeito dos desmandos, da violência, do caos, das desigualdades, a comunidade do Borel não para. O trabalho continua e deve continuar com todas as suas fragilidades e provisoriedades. A despeito de todos os problemas, a cidade não para:

De gatilho digital,
De sub-UZI equipadinha,
Com cartucho musical,
De contrabando militar,
Da novidade cultural,
Da garotada favelada suburbana
De shortinho e chinelo,
Sem camisa carregando
Sub-UZI equipadinha
Com cartucho musical.
De batucada digital.
Na cidade sangue quente,
Na cidade maravilha mutante,
a cidade não para, a cidade não para.

CAPÍTULO 7

LAZER E PRESIDIÁRIOS: ALGUMAS REFLEXÕES

Eu assinei a pena de vida
Sou a favor da pena de vida
Se o sujeito cagou
Pisou na bola
Tem que resolver aqui
Não pode sair fora.[1]

Tic, tac,
Ainda é 9h40
O relógio na cadeia
Anda em câmera lenta
[...]
Hoje tá difícil
Não saiu sol
Hoje não tem visita
Não tem futebol.[2]

[1] "Pena de vida". Letra de Pedro Luís.

[2] "Diário de um detento". Letra de Mano Brown e Jocenir. Racionais MC.

Nos últimos anos, tem-se tornado cada vez mais comum a ocorrência de rebeliões em presídios e penitenciárias brasileiras.[3] Nos jornais e noticiários de televisão, podemos ver constantemente semelhantes imagens serem veiculadas: presos com o rosto coberto e em atitude de revolta, portando armas primitivas, confeccionadas na própria cela; reféns sofrendo violência física e emocional, às vezes até mesmo executados; policiais tensos cercando o presídio, preparados para a invasão, prontos para atirar; famílias desesperadas a esperar notícias de seus entes.

Imersas na crise de valores que cerca a sociedade contemporânea, ainda mais uma sociedade tão desigual e injusta como a brasileira, o impacto das imagens desperta no espectador os sentimentos mais extremos, que transitam entre a raiva e a pena. Independente da postura, parece ser unânime um pensamento: o nosso sistema penal está ultrapassado e já não mais atinge seu objetivo de ressocialização, se é que alguma vez o atingiu. Como afirma Jorge Béja (2000, p. 5):

> *O Estado parece desconhecer que, mesmo condenado, o detento continua ser humano. Seus erros não lhe tiram a proteção*

[3] Presídios são estabelecimentos destinados aos presos aguardando julgamento. Penitenciárias são destinadas a condenados em regime fechado. Existem também as colônias e os institutos penais, destinados aos condenados em regime semiaberto. As delegacias deveriam somente ser utilizadas para prisões temporárias e apuração. Obviamente a superlotação e a desorganização do sistema penal faz com que muitas vezes as características acima sejam desrespeitadas.

da sociedade. Pelo contrário, dela exigem todas as atenções, cuidados e empenho no cumprimento do dever, legal e social, da recuperação [...] O condenado, enquanto preso e no cumprimento da pena, sabe que está sob a proteção e guarda do Estado. E continua com todos os direitos de ser humano. Teoricamente, ao menos. Porque, na prática, a situação entre nós é outra [...].

Não é nosso intuito neste artigo discutir profundamente o nosso sistema penal, mas, com base em determinada compreensão ideal (não no sentido de "idealizada", mas na perspectiva de utopia que deve ser buscada), questionar: pode um programa de lazer contribuir para a ressocialização dos presidiários? Como?

De acordo com o princípio de que as pessoas, pelos mais diversos motivos (inclusive e até mesmo fundamentalmente socioeconômicos), podem cometer equívocos para com a sociedade, devendo pagar por isso com um período de exclusão, mas também que tal período deve necessariamente contribuir para sua reintegração na sociedade, pretendemos neste artigo discutir sobre como e até quando pode um programa de lazer colaborar para o alcance desse intuito.

Queremos desde o início afastar qualquer postura funcionalista acerca das possibilidades de contribuição de um programa de lazer para os detentos. Não se trata de conceber um programa para simplesmente "ocupar o tempo", "desviar energia" ou "acalmar" o preso, contribuindo para que ele supostamente não se revolte contra o sistema, contraditório e opressor. Antes trata-se de conceber uma proposta de lazer como possibilidade de humanização e sensibilização, que possa auxiliar a desencadear iniciativas de reflexão do preso sobre sua realidade, tanto na prisão quanto em toda a sociedade, e ponderar sobre sua (re)inserção na sociedade.

Por certo, o problema é muito mais complexo, pois se trataria de modificar radicalmente a concepção do sistema penal (desde o injusto modelo de punições até a reclusão em si) e mesmo a própria consideração da sociedade para com o ex-recluso. Todavia, se um programa de lazer não é suficiente para sozinho resolver o problema e modificar a realidade, acreditamos que ele pode ser uma boa ferramenta de intervenção. Logo, não podemos fechar os olhos para essa possibilidade de atuação e de contribuição.

Vivências de lazer em presídios e penitenciárias

> *O diretor mandou reunir os presos no pátio para as boas novas. Feito o confere, deu início ao discurso:*
> *— Atendendo a solicitação, quero informar que daremos início às obras de restauração do nosso presídio de segurança máxima.*
> *Alguns tiveram a vontade de aplaudir, mas acharam conveniente proceder como os demais companheiros. Todos em silêncio, esperando para ver o bicho*

que ia dar. Dr. Waldemar dos Ferrolhos prosseguiu:

— [...] Vocês devem estar morrendo de curiosidade com as obras. Vamos começar pelo complexo esportivo [...] construiremos quadras poliesportivas, parque aquático, pista de ciclismo, teremos uma praia artificial para duplas de vôlei e futevôlei. Sem falar no principal. Vamos construir cinco campos de futebol!

— Êêêêêêê!!! (Comemoração intensa dos presos) [...]

— Quando é que começam as obras, doutor?

— Logo após a assinatura do contrato.

— E quando é que assina o contrato?

— Hoje, primeiro de abril.[4]

A crônica acima explicita bem a comum falta de investimentos em uma estrutura de lazer/atividades físicas para presidiários. Obviamente que se levarmos em conta que os problemas do sistema penal são os mais diversos e mais graves possíveis, aparentemente poderiam parecer menores as preocupações com o lazer. Mas deixemos claro que consideramos um equívoco estabelecer, devido a uma situação de escassez, uma rígida e estática prioridade de necessidades humanas.

---

[4] VIEIRA, Cláudio. A reforma. *O Dia*, Rio de Janeiro, coluna "Romance Policial", p. 16, 23 maio 2000.

Deveríamos, nesse aspecto em especial, considerar duas dimensões: a) o lazer é tão importante quanto qualquer outro aspecto da vida humana, embora a sociedade capitalista, extremamente produtivista, tente considerá-lo como algo pernicioso; b) o lazer, enquanto instrumento educacional, pode ser uma poderosa arma para construirmos uma nova sociedade. Enfim, não podemos restritivamente considerar o lazer como dimensão menor do ser humano.

As primeiras propostas de inclusão de atividades de lazer em casas de detenção, notadamente físicas,[5] parecem ter surgido em 1876, com a criação do Reformatório de Elmira (Nova Iorque-EUA), como consequência de um congresso realizado em Cincinnati, em 1869. Em Elmira, no âmbito de uma proposta de programa de atividades laborais, foi construído um ginásio, no qual diariamente os presos faziam ginástica.[6]

Em 1930, no X Congresso Internacional Penal e Penitenciário de Praga, a introdução dos esportes nas casas de detenção é discutida de forma mais estruturada. Cabe destacar que, desde então, houve muitas propostas de inclusão de esportes e de atividades físicas em estabelecimentos de detenção. Todas tinham em comum o fato de encarar tais atividades como "calmantes", por permitir o dispêndio de energia, e, nesse mesmo sentido, como forma de controle dos desejos sexuais dos detentos.

---

[5] Vale a pena lembrar a classificação de atividades de lazer de Joffre Dumazedier, segundo a ênfase do conteúdo cultural central: físicas, artísticas, manuais, sociais, intelectuais. Mesmo com problemas, parece ser a classificação ainda mais usualmente usada e aceita pelos estudiosos do lazer.

[6] DOMINGUES, Fabiane. *Esporte e atividade física no sistema penitenciário*. Rio de Janeiro: UERJ, 1995. Memória (Licenciatura em Educação Física).

Reflexos dessas iniciativas pioneiras existem até os dias de hoje. Interessante observar, por exemplo, que na atual estrutura do Departamento do Sistema Penal (Desipe), órgão ligado à Secretaria de Justiça e responsável por controlar o sistema penitenciário do Estado do Rio de Janeiro, existe uma Seção de Educação Física e uma Seção de Ação Cultural, ligadas à Coordenação Técnico-Social, um dos órgãos de direção intermediária.

Declaradamente, também na Política de Ressocialização do Sistema Penitenciário do Estado do Paraná, encontramos as atividades de lazer encaradas como parte da educação e citadas como importantes para o desenvolvimento do detento, fundamental para seu exercício de cidadania: "Este processo se efetua em todos os níveis do conhecimento humano: nas artes, pela promoção de atividades artísticos-culturais; na saúde física e mental, através de desporto e recreação...".[7]

A Organização das Nações Unidas (ONU), em suas "Regras Mínimas para o Tratamento de Presos" (1988), pelo menos em três momentos se preocupa diretamente com as atividades de lazer dos detentos: no item 1 da regra 21, sugere pelo menos uma hora diária de exercícios físicos ao ar livre; no item 3 da regra 21, sugere que deve haver instalações que permitam a prática de atividades físicas e recreativas; e na regra 78, sugere que devem ser oferecidas atividades recreativas e culturais. Na Lei de Execução Penal

[7] "Política de Ressocialização do Sistema Penitenciário". Extraída da página do Departamento Penitenciário da Secretaria de Justiça do Estado do Paraná (http://celepar.br/celepar/seju/depen).

Brasileira (nº 7210, de 11/7/1984), também sugere-se, no artigo 40, que o preso deve ter o direito à prática de atividades esportivas e recreativas.

Mas se esse direito é constantemente reconhecido em leis, regulamentos e propostas, lamentavelmente na prática é pouco observado e respeitado, por descaso e deficiência, fatores por certo associados. Pensar em um programa de lazer adequado e de qualidade parece ainda mais distante quando sabemos que muitos outros direitos dos detentos são sistematicamente desrespeitados.

A despeito desse desrespeito e pouca atenção, com certeza os detentos têm seus momentos de lazer. Vale a pena começarmos então exatamente por tentar desvendar as características desses momentos. Para tal, faremos uso de trabalhos que, direta ou indiretamente, já abordaram o assunto. Entre eles, a pesquisa de Fabiane Domingues (1995), a única específica que encontrei sobre o assunto, lamentavelmente pouco conhecida nos círculos acadêmicos.

Comecemos a discussão por uma questão conceitual, de acordo com a dimensão "tempo". Seria estranho pensar na dimensão tempo disponível, fundamental na definição conceitual de lazer,[8] para alguém que está o tempo todo recluso? Veremos que não.

Tempo

No interior dos presídios e penitenciárias, como em qualquer outro lugar, existem rotinas que devem ser cumpridas. Basta perceber que certo número de presos

[8] Definimos conceitualmente o lazer em duas dimensões simultâneas: "tempo"(disponível) e "atitude" (a busca do prazer)

trabalha nas casas de detenção, conseguindo algum rendimento financeiro com seu ofício, além de reduzirem sua pena na proporção de 1 dia para cada 3 trabalhados. Para esses, a rotina no interior das prisões é semelhante à de quem está fora, com a diferença óbvia de que ao final do expediente não é possível ir para casa ou qualquer outro lugar que não seja a cela.

Os trabalhos são os mais diversos: funções necessárias para o funcionamento das detenções (faxina, cozinha, trabalho burocrático, entre outros), contratos de prestação de serviços para empresas externas diversas, e mesmo alguns casos de iniciativas individuais, como a confecção de objetos.

Curioso observar que recentemente o Instituto de Desenvolvimento Esportivo (Indesp), instituição ligada ao Ministério dos Esportes e do Turismo, desenvolveu um programa com presidiários. Eles eram "contratados" como costuradores de bola, trabalho há muitos anos já usual em presídios, que seriam distribuídas em comunidades de baixa renda. Nada contra o programa, que de alguma forma traz algum benefício para os presos envolvidos. Entretanto, tratando-se do órgão executivo que deveria elaborar políticas de esporte para o país, pergunta-se: por que o Indesp também não desenvolveu um programa de esportes/lazer a ser implementado em presídios? Este é mais um exemplo de como não são usuais programas consequentes de lazer para presidiários, em todos os âmbitos governamentais.

Mesmo para os que não trabalham, por falta de possibilidade ou por não desejarem, existe um tempo determinado para a realização de certas atividades, o que acaba por estabelecer uma rotina diária.[9] Cabe lembrar que os presos permanecem soltos durante o dia, sendo somente recolhidos às celas a noite.

Vale lembrar que existem também os que se encontram excluídos em celas ou pavilhões isolados, devido à punições e/ou problemas com outros presos. Para esses sim, não existe a possibilidade de convívio e de vivências de lazer, a não ser muito restritas.

Em todos os presídios há um horário rígido para o "banho de sol", em que são permitidas as atividades físicas e onde podem ser implementadas atividades de lazer em geral. Esse horário nem sempre é respeitado e logo suspenso, caso haja algum problema na disciplina ou como forma de imputar um castigo aos detentos, dependendo mesmo do humor da equipe de segurança.

Segundo Drauzio Varella, na Casa de Detenção de São Paulo (o Presídio do Carandiru, recentemente desativado) era na parte da manhã que ocorria a maioria das atividades de lazer. O mesmo modelo parece ser seguido, segundo Neninho de Obaluaê,[10] na Penitenciária Central do Paraná: lazer pela manhã e trabalho pela tarde. Já na Penitenciária Lemos de Brito, parte do Complexo Penitenciário Frei Caneca, no Rio de Janeiro, o acesso às instalações é permitido tanto pela manhã (entre 8h30min e 11h) quanto pela tarde (entre 14h e 16h30min).[11]

---

[9] Uma descrição do cotidiano na Casa de Detenção de São Paulo, o Presídio do Carandiru, o maior da América Latina, pode ser obtida entre as páginas 44-46 do livro: VARELLA, Drauzio. *Estação Carandiru*. São Paulo: Companhia das Letras, 1999.

[10] OBALUAÊ, Neninho de. *Beco sem saída: eu vivi no Carandiru*. Rio de Janeiro: Rosa dos Tempos, 1999.

[11] DOMINGUES, op. cit.

Em alguns casos, a natureza do trabalho no interior do presídio é até mesmo motivo que impede o preso de participar das atividades de lazer. Neninho de Obaluaê (1999, p. 87), ao narrar sua experiência como detento na Penitenciária de Avaré (São Paulo), enumera as atividades de seu cotidiano:

> *Quase não podia nem curtir o recreio devido às minhas atribuições. Às 6:30 ia para a aula de datilografia. Às 7:30, tinha aula de matemática. As demais matérias, estudava na cela à noite. As tardes, passava na minimarcenaria. Quando chegava ao pátio só dava para correr umas trinta voltas em torno da quadra de futebol de salão e tomar banho, numa ducha do pátio. Às vezes, ainda dava para jogar uma pelota.*

Os finais de semana também são momentos especiais para muitos, pois é quando podem receber visitas de familiares e visitas íntimas. Os horários de visitas variam bastante entre as detenções, mas normalmente elas acontecem no sábado e no domingo.

O presídio é todo transformado, pelos próprios presos, para que possam receber com dignidade os visitantes. É sempre uma rotina árdua para estes, que se submetem a filas para entrar nas detenções e revistas rigorosas (muitas vezes humilhantes), e uma espera ansiosa para os detentos "privilegiados" que recebem visitas.[12] Em geral, a rotina é semelhante. Abraços e piqueniques entre familiares, cultos religiosos, sacolas com cigarros e alimentação.

A visita íntima também varia bastante. Em algumas detenções existem celas reservadas ou pode-se levar o cônjuge para a cela. Na Penitenciária Lemos de Brito, é até mesmo permitido o pernoite em determinadas datas festivas. Em outros casos, por serem proibidas, só resta aos presos montarem "barracas" por ocasião das visitas, o que acaba por causar muitos constrangimentos. Obviamente que essas visitas também são canceladas de acordo com os problemas nas detenções, ligados à disciplina e/ou castigo por alguma ocorrência.

Instalações

As próprias instalações dos presídios e penitenciárias, em geral antigas, em estado precário e cheias de improvisações para comportar a crescente população carcerária, não facilitam a vivência de práticas de lazer pelos detentos. Em comum, na grande maioria delas, é a existência de campos de futebol e/ou quadras esportivas.

Segundo Drauzio Varella, no Presídio do Carandiru eram bastante modestas as instalações oferecidas para os cerca de 7200 presos (distribuídos em 7 pavilhões, cada um com 5 andares) desfrutarem de atividades de lazer. No primeiro andar do Pavilhão Cinco, ao lado da carceragem, da enfermaria e da Isolada, encontrava-se uma biblioteca modesta e uma sala de aula. Não podemos deixar de observar que elas se

---

[12] Muitos não tem essa possibilidade, já que são esquecidos por seus amigos e familiares.

localizavam exatamente no pavilhão mais cheio e mal conservado do presídio. No segundo andar do Pavilhão Seis havia também um auditório, que no passado foi um cinema, desativado após ter sido destruído em uma rebelião. Nesse mesmo pavilhão também funcionava o Departamento de Esportes.

Nos pavilhões Sete e Oito existia uma precária estrutura para a prática de esportes. No Sete "[...] há uma quadra de esportes e dois campinhos de futebol empoeirados, palcos de batalhas futebolísticas nas quais os atletas não chegam a primar pela técnica, muito menos pela elegância do vestuário"(VARELLA, 1999). Já no pavilhão Oito, o mais problemático, existia uma quadra esportiva e um campo de futebol de chão batido, o maior do presídio.

A mesma estrutura deficiente pode ser encontrada na Penitenciária de Avaré e na Penitenciária Lemos Brito. Na primeira, conforme Obaluaê, há um campo de futebol e quadras esportivas. Já na segunda, diz-nos Dominguez (1995), há uma quadra esportiva e um pátio (conhecido como Mineirão), além de um auditório. Os espaços nunca são abertos simultaneamente, devido à questões de segurança.

Já na Penitenciária de Araraquara (São Paulo), segundo sua página na internet,[13]existem as seguintes instalações esportivas: uma quadra poliesportiva em cada um dos quatro pavilhões; e um ginásio de esportes geral, que conta com campo de futebol, pista de atletismo, piscina e quadra poliesportiva coberta. Havia

[13] Maiores informações podem ser obtidas em: http://www.techs.com.br/penitenciaria.htm.

também um cinema, que foi destruído e desativado por ocasião de uma rebelião de presos, em 1986. Lamentavelmente não foi possível saber qual o estado de conservação das instalações, nem tampouco a forma como têm sido ocupadas e utilizadas.

No Carandiru e na Penitenciária de Avaré havia bibliotecas modestas. Já na Penitenciária Central do Paraná, não havia mais. Segundo informara-se Neninho: "Havia uma antes da rebelião. Depois dela, o diretor na época mandou pôr fogo em todos os livros [...]".[14] No Complexo Penitenciário da Frei Caneca, no Rio de Janeiro, a biblioteca existe oficialmente desde 1890, mas seu estado e sua qualidade variaram muito no decorrer do tempo.

Práticas

É o futebol a prática de lazer mais comum entre os presos. É fácil entender a presença constante desse esporte nos presídios e penitenciárias: a) não há necessidade de instalações muito elaboradas, logo o que há nas detenções, por mais precário que seja, permite a prática; b) também não é caro e difícil obter o material mínimo para o jogo (uma bola); c) sem falar na óbvia popularidade do esporte.

No Presídio do Carandiru, por exemplo, além dos jogos diários, era comum a realização de campeonatos internos de futebol e disputas de equipes do presídio com times de fora, sempre tratados com o maior respeito pelos detentos. Como afirma Drauzio Varella (1999, p. 33): "Nessas ocasiões, pobre de quem desrespeitar

[14] Apud. OBALUAÊ, op. cit., p. 118.

um visitante". Os jogos eram realizados no campo do pavilhão Oito.

Segundo Varella, os campeonatos internos eram realizados entre pavilhões, com regulamentos discutidos intensamente, organizados pela (Fifa) Federação Interna de Futebol de Amadores, supervisonados por um funcionário responsável pela Diretoria de Esportes do presídio. Pela descrição, como era de se esperar, percebemos que os campeonatos seguiam exatamente a lógica do campo esportivo.

Conforme Varella (1999), na verdade, nem sempre eram tão tranquilas essas partidas, daí a necessidade de os responsáveis pela organização e pela arbitragem gozarem de prestígio e "moral" para serem respeitado pelos outros presos. Não custa lembrar que o clima de tensão que culminou com a chacina que matou 111 presos, em 1992, teve início exatamente em um jogo de futebol; uma briga que a princípio seria de "rotina" acabou alcançando uma dimensão de tragédia.

Na Penitenciária Lemos de Brito, segundo Fabiane Domingues, a organização das atividades esportivas fica também a cargo de uma liga dirigida pelos próprios presos: a Liga Esportiva Lemos Brito (LELB). Segundo a autora, a Liga organiza campeonatos de futsal nos mais diferentes níveis: entre os times filiados (eram nove na época da pesquisa), sempre divididos em "novos" (até 30 anos) e "veteranos" (a partir de 31 anos); entre as galerias dos pavilhões; entre seleções internas e equipes de fora do presídio. Segundo esse levantamento, essas equipes envolviam, na época da pesquisa, aproximadamente 27 % do efetivo da penitenciária.

Curiosamente, a autora, quando desenvolvia sua pesquisa, foi convidada a levar uma equipe da Universidade do Estado do Rio de Janeiro para a realização de um "amistoso" na penitenciária. A realização do jogo agradou muito aos presos, já que pela primeira vez uma equipe de universitários participava de um jogo naquela detenção. Assim como no Carandiru, nessas ocasiões o respeito com os visitantes é sempre muito grande.

Mesmo que não exista uma preparação técnica e tática mais específica, que aliás é constantemente solicitada por alguns presos, não há como negar que a lógica da prática segue os ditames do campo esportivo. Há árbitros, súmulas e exigência de uniformes nos campeonatos da Liga:

> *Um aspecto importante diz respeito às roupas que os internos usam nas atividades físicas. Durante os jogos de futsal da liga esportiva, todos os presos que compõe as equipes usam uniformes das equipes. Nenhum jogador participa de uma partida se não estiver uniformizado e de tênis.*[15]

Jogos menos organizados ocorrem no pátio do Mineirão, independente da Liga. Naquele espaço existem duas balizas de futebol, mas nenhuma demarcação. Ali a prática é sempre mais dura e as regras são bastante flexíveis, não havendo também qualquer exigência de uniforme. Acontecem por certo, em virtude de tais

---

[15] Ibid., p. 25.

características, algumas lesões mais sérias e mesmo um número maior de confusões entre os presos. Mas muitos preferem esse jogo exatamente devido às suas características:

> *Aqui jogo pelada de vez em quando, para ocupar o tempo. O futebol na cadeia se torna mais pesado. Não quero jogar no time de camisa porque não quero compromisso. Se jogo mal, tem críticas. Quero jogar sem responsabilidade.*[16]

Vale destacar que, em 1991, foram organizados, no Rio de Janeiro, os I Jogos Penitenciários Estaduais. Estiveram envolvidos quase 1.000 presos das mais diferentes unidades do sistema penal do Rio de Janeiro, participantes de competições de futsal, voleibol e futebol society. Lamentavelmente tais jogos não tiveram continuidade, sendo mais um episódio isolado e não parte de uma política clara de esporte e lazer para os detentos.[17]

Na verdade, apesar de estarem presentes na programação dos Jogos Penitenciários, quase não se pratica outro esporte que não o futebol nas detenções estudadas. De alguma forma, essa falta de opções para além do futebol parece incomodar alguns presos. Vejamos um interessante depoimento: "Fora isso não tenho mais prazer pra jogar, não tenho liberdade. Aqui

---

[16] Apud. id., p. 47.

---

[17] idem.

é uma obrigação, imposição, não tem outro tipo de lazer".[18]

Existe até mesmo uma ligação entre outros esportes e a homossexualidade, o que também reduz as possibilidades de vivências esportivas dos detentos:

> *Gosto de vôlei. Aqui é coisa de bicha, o pessoal tem preconceito. Seria bom se tivesse mais vôlei, para sair desse negócio só de futebol. Mas primeiro tinha que ensinar o pessoal a jogar, ter uma orientação. O vôlei psicologicamente é mais brando.*[19]

Isso não significa que as atividades físicas estejam restritas à prática do futebol. Na Lemos de Brito, muitos presos praticam com frequência a corrida, a ginástica e a musculação, confeccionando inclusive alguns implementos como pesos e barras. Foi também identificada a prática de artes marciais e do frescobol. Segundo Domingues, aproximadamente 63,3 % dos entrevistados praticavam alguma forma de atividade física, sem que ficasse claro com qual frequência.

No Carandiru, ao enumerar as atividades dos presos, Dráuzio Varella dá também a impressão de que a preferência era pelas atividades físicas: futebol, boxe, capoeira, halterofilismo. Vale destacar que até bem pouco tempo existia um programa de treinamento para presos interessados na prática do boxe, conduzido pelo

---

[18] Apud. id., p. 42.

[19] Apud. id., *p. 48*

técnico Lindoarte Patriota, que orientava os detentos duas vezes por semana, e pelo agente carcerário João Ribeiro. Havia competições internas e alguns presos inclusive participavam de um campeonato amador da Federação Paulista de Pugilismo. Esse programa, que estava interrompido desde 1995, tendo retornado em 2000, foi suspenso, devido a uma fuga ocorrida durante a realização de uma luta fora do presídio.[20]

No caso da Penitenciária Central do Paraná, Neninho de Obaluaê nos dá uma descrição interessante de seu envolvimento com uma academia de capoeira que lá estava organizada. As aulas eram ministradas por presos "graduados", havendo inclusive a comum cerimônia do batizado e da troca de cordões. Na verdade, independente dessa estrutura organizada, em muitos presídios há a prática informal e o ensino da capoeira.

Em algumas detenções são também oferecidas atividades artísticas. Na Lemos de Brito, por ocasião da pesquisa de Domingues, as aulas de teatro, ministradas por uma professora voluntária, recentemente tinham sido interrompidas. Na Penitenciária Estadual de Maringá há aulas de teatro, coral e artes plásticas e no Conjunto Penal de Jequié de coral e teatro. Nesse último caso conduzidas por grupos de religiosos, logo diretamente ligadas a seus intuitos, ou pelo Setor de Terapia Ocupacional, que organiza festivais de poesia e música.

Também eventualmente são organizadas apresentações musicais. Em muitas penitenciárias e presídios

---

[20] OHATA, Eduardo. "Detentos são banidos de campeonato", *Folha de São Paulo*, São Paulo, caderno "Esporte", p. 12, 19 mar. 2000.

há, por exemplo, festas de fim de ano, sempre realizadas de acordo com o humor e a disponibilidade do diretor daquele momento.

Importante observar que é usual que se organizem grupos musicais nos presídios, como o "Reunidos por Acaso" e o "Bola + 1", conjuntos de samba do Carandiru. Neste mesmo presídio também se destacou o grupo de rap "509-E", formado pelos músicos-detentos Dexter e Afro-X. Pela música, eles procuravam retratar e denunciar a realidade, o cotidiano e as dificuldades da vida na Casa de Detenção. O grupo lançou um CD e teve clipes veiculados pela MTV, dirigidos por Maurício Eça, o mesmo diretor que gravou, com o grupo Racionais MC, o clipe da música "Diários de Um Detento".[21]

Como incentivo à atuação e à organização desse grupo, existia o interessante trabalho de Sofia Bisilliat, criadora do projeto "Talentos Aprisionados". A proposta de Sofia era contribuir para a reabilitação do preso por meio da cultura, estimulando os talentos que já existem na música, pintura e literatura. A iniciativa contava com apoio da direção e interesse de muitos presos.

Nos últimos anos, uma experiência interessante também tem sido desenvolvida no Rio de Janeiro: um concurso de poesias para detentos e detentas, promovido pela Secretaria Estadual de Justiça e Cidadania, de iniciativa de Romildes Meirelles, que desde 1986 tenta levar a poesia aos presídios. No

---

[21] MARTINS, Ana Cecília. Verso da realidade. *Jornal do Brasil*, Rio de Janeiro, caderno B, p. 1, 1 jun. 2000.

primeiro ano de realização houve apenas 15 participantes, mas na última edição 120 detentos(as) se interessaram, dos quais foram escolhidos 73 poemas para serem publicados.[22]

Na verdade, todas essas iniciativas são de grande valor e podem ser de muita importância para a ressocialização do detento, mas como não partem de uma ação articulada e contínua, acabam dependendo de voluntários e da boa vontade dos que estão responsáveis pela condução dos caminhos dos presídios, estando logo sujeitas a interrupções. Quando há profissionais interessados e a direção dos presídios e penitenciárias não se interpõe, as atividades são oferecidas. Mas mesmo que o Estado, por meio das direções, não crie problemas, no mínimo parece negligenciar o real potencial dessas atividades, ao não valorizar e implementar organizadamente um programa consistente e adequado de lazer.

Apontamentos para programa de lazer em presídios

Com base no apresentado, como pensar um programa de lazer para presídios e penitenciárias? Por que implementar esse programa? Seria preciso desde o início refletirmos sobre duas dimensões que ficam muito evidentes ao abordar-se a temática: a) a utilização de manifestações culturais como estratégias para trabalhar outros conteúdos; b) as atividades de lazer como "válvulas de escape".

[22] MAIRAN, Paulo. A poesia por trás das grades. *Jornal do Brasil*, Rio de Janeiro, caderno "Cidade", p. 18, 2 jul.2000.

Quanto à primeira dimensão, as manifestações culturais como estratégia central e/ou de grande relevância no processo de intervenção, devemos lembrar que consideramos que invariavelmente as atividades de lazer são culturais e que um programa de lazer deveria sempre ser desenvolvido considerando a dupla dimensão educativa do lazer (educar pelo e para o lazer). Nesse sentido, é possível pensar que as manifestações culturais possam ser de grande eficácia para melhorar a qualidade de vida dos detentos.

Uma interessante experiência nesse sentido foi desenvolvida por Drauzio Varella, no Presídio do Carandiru. O médico foi responsável por desenvolver um projeto de prevenção e esclarecimento sobre a Aids na casa de detenção, já que havia uma epidemia da doença. Drauzio resolveu reunir cerca de 300 presos por vez, até atingir a maior parte possível da população encarcerada, nas antigas instalações do cinema, hoje um auditório, e exibir vídeos educativos sobre a doença. Antes disso, exibia clipes musicais diversos e após os vídeos educativos colocava-se à disposição para esclarecimento das dúvidas dos presos.

Curiosa foi a estratégia que utilizou para mobilizar ainda mais os presos, sugestão de um dos detentos: exibir também um filme erótico ao final da sessão. Comenta o autor acerca de sua experiência: *No final, depois que eu saía da sala, entrava um vídeo de erotismo explícito. A estratégia de misturar música, medicina preventiva e sexo foi imbatível: um sucesso de público* (VARELLA, 1999, p. 73).

O médico comenta que acredita que experiência semelhante possa ser repetida em outras cadeias, desde que sempre seja observado que o filme de sexo explícito somente deve ser projetado quando o médico sair da sala e que os presos devem ver a sessão completa: não vale comparecer para ver apenas o filme erótico.

Aliás, em uma fala dos presos, indignado por que outros detentos teriam atrapalhado a sessão, fica claro o quanto eles consideravam a atividade também como uma forma de diversão:

> *Qual é a desses caras, meu, querer zoar o médico que vem comscientizar os manos do perigo dessa praga e dar uma distração para a coletividade? Eles não estão tirando o doutor, estão tirando nós!* [23]

Dando continuidade à campanha, foi promovido um concurso de cartazes de prevenção à Aids. Os vencedores foram afixados pela cadeia e os responsáveis premiados com maços de cigarros, a moeda corrente no presídio. A premiação foi entregue no cinema do pavilhão Seis, animado pelo grupo de pagode "Reunidos por Acaso" e contando com a presença de Rita Cadilac, que enlouqueceu os presos com sua *performance*.

Enfim, o sucesso da experiência de Varella nos chama a atenção para as possibilidades de utilizarmos as atividades de lazer como forma de promover intervenções educativas. Por certo, se isso é louvável e não há nenhum problema com tal atitude, não podemos restringir um programa de lazer a esse intuito e

---

[23]Apud. ibid., p. 74. Vale a pena destacar que os presos que atrapalharam a sessão foram agredidos pelos outros e obrigados a pedir desculpas ao médico.

dimensão. Isso é um importante componente do programa de lazer, mas não suficiente.

Passemos a discutir a outra dimensão facilmente evidenciável quando se pensa em programa de lazer: as atividades encaradas como "válvulas de escape". No trabalho de Fabiane Domingues[24] (1995, p.76), encontramos uma referência ao importante trabalho de Armida Bergamini Miotto e suas considerações sobre o lazer dos detentos. Por certo há que se valorizar as preocupações da autora com o assunto, bem como seus esforços de teorização, mas os limites de sua contribuição nos deixa claro como o assunto tem sido tratado de forma superficial, limitada e até mesmo equivocada.

O que chama mais a atenção é a constante compreensão acerca da importância das atividades de lazer para os detentos: devem servir para desviar energia, canalizar desejos, relaxar, atenuar o cotidiano. Tal perspectiva, além de limitada, acaba também por reproduzir equívocos históricos, frutos de uma consideração funcionalista e linear das possíveis contribuições educacionais das atividades de lazer. Por exemplo, a crença em uma suposta relação direta entre a prática esportiva e a disciplinarização. Vejamos o que fala Miotto (apud Domingues, 1995, p. 33) sobre o futebol, considerado por ela o mais adequado para prisões "masculinas" (não poderiam as mulheres praticar futebol?), já que ajudaria a controlar e dissipar tensões:

---

[24] Op. cit.

[...] cada jogador tendo as próprias qualidades pessoais que há de desenvolver, deverá entretanto, observar as regras do jogo, conservando a sua posição e abstendo-se de fazer o jogo individual [...]. Além disso, há um juiz que, aplicando as referidas regras do jogo, controla e julga os movimentos, os atos, os êxitos (gols) e as faltas. [...] Isso não é somente disciplinador, mas também contribui para o senso de justiça.

Na verdade, o que podemos observar é uma adequação completa ao modelo do campo esportivo, que tem sido fartamente criticado nos últimos anos, e uma compreensão ideal das possíveis contribuições da prática esportiva para os indivíduos. Lembremos que não há estudos significativos que comprovem de forma clara que o envolvimento com o esporte significa diretamente o respeito à regras ou diminuição do individualismo. Mas ainda, o fato de aceitar as regras do esporte, sempre sob supervisão de um árbitro, não significa que isso será reproduzido em outros momentos da vida. Além disso, esse conceito de disciplina, na qual as regras do jogo são traçadas incondicionalemnte por alguém que sequer conhecemos, está muito aquém do que desejamos como perspectiva diacrônica de sociedade.

Existem muitos exemplos de que a prática esportiva em si não é suficiente para "recuperar" os indivíduos ou "evitar" que as pessoas se envolvam com crimes. Segundo Ohata (2000, p.12), são fartos os exemplos de ex-atletas, alguns até de renome, que acabaram parando nas casas de detenção. No caso específico da "recuperação" de presos, há o célebre caso de Rui Barbosa Bonfim, que foi campeão brasileiro de boxe, na categoria meio-pesado, chegando a estar incluído entre os 30 mais bem posicionados no *ranking* do Conselho Mundial. Rui era condenado a 23 anos de prisão por assalto e cumpria pena no Carandiru. Quando foi transferido para uma colônia penal, em razão de seu desempenho esportivo, Rui fugiu e voltou a cometer crimes. Enfim, não se pode compreender o esporte, de forma linear, como um remédio.

Com isso, não pretendemos negar que um programa de lazer também pode contribuir para manter o equilíbrio do preso. Drauzio Varella (1999, p.32), aliás, observa que o pavilhão Sete é o mais tranquilo do Presídio do Carandiru, entre outros motivos devido à ocupação frequente dos detentos, entre as quais com a prática esportiva:

> *O Sete foi construído para ser um pavilhão de trabalho e assim permanece. A ocupação, as práticas esportivas e a relativa ausência de superlotação são responsáveis pela fama de calmo atribuída ao pavilhão. De fato, muitas vezes passam-se dois ou três anos sem ocorrer uma única morte em suas dependências.*

Muitos presos reconhecem que a inatividade acaba por conduzir ao aumento da tensão e criminalidade, tentando se engajar em qualquer tipo de atividade que lhes é oferecida, inclusive esportivas e de lazer em geral: *"Com o corpo cansado, a saudade espanta"*.[25] Neninho de Obaluaê (1999, p. 85) também manifesta concordância com esse pensamento:

> *[...] queria preencher ao máximo meu tempo, para não ficar esquentando a cabeça com minha desdita. A ociosidade era, sem dúvida, o mal maior para quem cumpre pena. Por não ter o que fazer o preso vive tendo ideias de macaco.*

No trabalho de Domingues (1995, p. 43), também encontramos outro depoimento nesse sentido:

> *O esporte ajuda a recuperar a índole. Enquanto está na quadra, não está envolvido em briga, discussão. Também diminui a ociosidade. Estou envolvido para preencher o tempo vazio, tenho satisfação em ajudar os companheiros e prazer em manter um time campeão.*

A priori não estamos negando essa possibilidade, mas acredito que um programa de lazer deve se prestar a algo muito mais complexo do que essa perspectiva. Deve sim contribuir para o equilíbrio do preso, mas para esclarecê-lo acerca de sua realidade, buscando dele posições não conformistas. Logo, vislumbramos não um equi-

[25] Apud. ibid., p. 141.

líbrio estático, alienado e desconectado da realidade, mas sim um equilíbrio dinâmico, consciente e crítico.

Também não devemos negar que exercícios físicos são importantes para garantir uma qualidade de vida melhor para o detento. Entretanto, um programa de atividades físicas não pode ser encarado como "salvador da pátria", nem encobrir os outros problemas que atingem diretamente a saúde dos presos. Não se deve negligenciar que as condições de vida nas casas de detenção são péssimas, por mais que os presos se esforcem para manter a limpeza das instalações e "recuperar"[26] a comida de má qualidade que lhes é servida. Aliás, essa baixa qualidade da alimentação também é responsável pelo número elevado de presos obesos:

> *A comida servida pela casa é triste. Depois de alguns dias, não há cristão que consiga digeri-la; a queixa é geral. [...] Riquíssima em amido e gordura, a dieta, entretanto, engorda. Obesidade aliada à falta de exercícios físicos é um dos problemas de saúde da Detenção.*[27]

Além disso, não devemos restringir o programa de atividades físicas a sua contribuição para a dimensão física da saúde. Devemos pensar que esse programa,

---

[26] A prática comum de receber as péssimas alimentações, lavar os alimentos, adicionar outros temperos e cozinhar de novo, em fogareiros improvisados confeccionados com tijolos e resistências elétricas, é conhecida como "recorte" (VARELLA,1999)

[27] Ibid., *p. 41.*

inserido em outro maior de lazer, poderá ampliar sua amplitude de colaboração para a ressocialização do detento. Vale lembrar que um programa de lazer deve procurar trabalhar com os mais diferentes interesses e linguagens, não somente com os físicos.

Feitas as críticas às abordagens do assunto, passemos a tentar responder as duas perguntas iniciais desse item. Comecemos por discutir sobre quem seria o responsável por desenvolver o programa de lazer: deveria haver um profissional específico para tal? Em uma situação a mais adequada possível, deveríamos pensar em uma equipe multidisciplinar, formada por profissionais das mais diversas áreas, que trataria de implementar um projeto interdisciplinar. Mesmo se isso fosse facilmente alcançável, de forma alguma deveria significar a dissolução das ligas e a não-identificação das lideranças e potencialidades dos próprios detentos.

Na situação concreta, quando dificilmente será contratado mais de um profissional, a articulação com as lideranças das detenções é ainda mais importante. Deveríamos pensar em contar com parceiros que já estão envolvidos com as atividades culturais e/ou aqueles que ainda não estão, mas possuem vontade e talento para tal. Poderia-se pensar em uma comissão de lazer, formada pelos presos e por um animador cultural contratado, que se incumbiria de, em conjunto, planejar e executar um programa.

Isso, sem dúvida, traria grandes benefícios aos detentos, na medida em que tornaria o programa mais adequado às necessidades dos interessados. Também por potencializar as possibilidades de intervenção, na medida em que será possível contar com um maior número de envolvidos e possivelmente com maior número de interesses culturais a serem abordados. Por fim, vale lembrar que a ação educativa de um programa de lazer começa já no momento de sua preparação, segue pela implementação e vai até a avaliação e continuidade. Não se trata de desenvolver um programa de lazer para os presos, mas sim em conjunto com eles.

Obviamente que, para tal, o animador cultural responsável pela implementação deve estar completamente desprovido de moralismos e conservadorismos e ter denotada capacidade de articulação. Vale lembrar que o processo da animação cultural é sempre um processo de mediação, sem o qual se corre o risco de seu esvaziamento ou de torná-lo uma proposta funcionalista de simples oferecimento de uma gama de atividades.

Além disso, um programa de lazer para detentos deve seguir as dimensões que temos apontado para outros fóruns: procurar trabalhar os mais diferentes interesses humanos (conteúdos culturais do lazer); buscar o equilíbrio entre consumo e prática das atividades culturais; ampliar o acesso às manifestações da cultura erudita, recuperar as manifestações da cultura popular, criticar as da cultura de massa; não se encerrar em si, mas ser uma forma de contribuir para a conscientização do detento, com a compreensão da dupla dimensão educativa do lazer, sem que isso de forma alguma signifique abandono das características de ludicidade dos momentos de lazer.

Enfim, não adianta mais simplesmente declarar na legislação a importância das atividades de lazer para a ressocialização dos detentos, nem tampouco simplesmente aceitar a forma com a qual essas têm sido vivenciadas nos dias de hoje. Trata-se de efetivamente compreender sua importância e implementar um programa adequado, consistente e consciente, que possa exponenciar as possibilidades educaticas das atividades. Isso significa também pensar no equilíbrio e na saúde do detento, mas não de forma a "adaptá-lo" ao sistema, e sim na perspectiva de contribuir para que melhor reflita sobre a realidade que o cerca.

Com certeza, um programa de lazer em presídios e penitenciárias não é suficiente para resolver todos os problemas do sistema penal, da sociedade e da vida de cada preso. Mas pode ser um bom contributo para o despertar de novas sensibilidades, recuperando a humanidade em presos e no sistema.

Por fim, fiquemos com as palavras de Florisval Alves da Silva, diretor de segurança do Presídio do Carandiru, que acredita que a cultura é o caminho mais efetivo para a recuperação dos presos:

> *Pois se de mil detentos a gente puder recuperar um, já é maravilhoso. Bom também para as pessoas perceberem que aqui dentro existem seres humanos e não bichos, e que eles têm a capacidade de mudar.*[28]

Alguém ainda pode duvidar disso? Alguém ainda pode negar isso?

---

[28]In: MARTINS, Ana Cecília. Escolta na Gravação. *Jornal do Brasil,* Rio de Janeiro, caderno B, p. 2, 1 jun. 2000.

Capítulo 8

LAZER, ATIVIDADE FÍSICA E PROSTITUTAS: UM ESTUDO NA VILA MIMOZA/RIO DE JANEIRO[1]

Introdução

Por que estudar hábitos de lazer e de atividades físicas de prostitutas? Essa pergunta inicial poderia simplesmente ser respondida com um contra-argumento em forma de negativa: por que não? Na verdade, tal resposta em forma de pergunta não é uma maneira simplista de abordar a justificativa deste estudo, mas sim de marcar o tom, a intencionalidade e o pressuposto que desencadearam a realização desta pesquisa.

Nas últimas décadas, não é difícil observar alterações substanciais nos modos de organização da sociedade civil. Mais do que preocupações com o Estado,

[1] Esse artigo foi produzido em conjunto com o prof. Fabio Faria Peres, o prof. Marcelo Paula de Melo, a acad. Anna Laura Santana, o acad. Carlos Augusto Santana Pereira, o acad. Edson de Moraes Neto, a acad. Keila Nunes Valente. Todos os autores são membros do grupo de pesquisa "Lazer e Prostituição", alunos e ex-alunos da EEFD/UFRJ. Os professores Marcelo, Fábio e Keila foram bolsistas no período 2000/2001/2002 (PIBIC/UFRJ/CNPq). O acadêmico Edson é bolsista de iniciação científica (PIBIC/UFRJ/CNPq). O acadêmico Carlos é também bolsista de iniciação científica (PIBIC/FAPERJ).

vemos surgir um grande número de grupos organizados em torno de reivindicações específicas, contribuindo para a renovação nas formas de intervenção política. Os partidos e sindicatos perdem a exclusividade na condução das lutas, passando a dividir espaço com organizações não governamentais, muitas ligadas às mais diferentes minorias sociais.

Alguns celebram essa nova realidade e enxergam nessa organização o fim da militância tradicional e da forma usual de interferência política. Outros argumentam que, na verdade, estamos assistindo a uma perigosa fragmentação das lutas, que somente contribuem para o fim de bandeiras e reivindicações unificadas. A despeito de polêmicas quanto a efetividade e os limites dessa nova forma de organização, preferimos encarála como uma ampliação das possibilidades de intervenção; sem falar que não se pode negar o importante papel que tais grupos têm ocupado na sociedade civil inteira. Assim, cabe estarmos atentos a tais movimentos, observando nossas possibilidades de diálogo e colaboração.

Estudar as prostitutas, então, é procurar engajarse em um esforço de contribuição com um desses grupos sociais que têm-se organizado nos últimos anos. A existência de prostituição é fato constante e frequente na história da humanidade. No Brasil, desde o século XIX são identificadas na sociedade,[2] mas somente em 1987, por ocasião da realização do I Encontro Nacional de

---

[2] Maiores informações podem ser obtidas em: RAGO, Margareth. *O prazeres da noite. Prostituição e códigos de sexualidade feminina em São Paulo (1890-1930)*. Rio de Janeiro: Paz e Terra, 1991. _______. *Do cabaré ao lar. A utopia da cidade disciplinada*. Rio de Janeiro: Paz e Terra, 1997.

Prostitutas e da criação de Associações Estaduais, percebemos uma iniciativa mais estruturada de organização de um movimento associativo próprio, preocupado com a redução do estigma, do estereótipo e da discriminação ao redor da atividade; com a melhoria das condições de trabalho e da qualidade de vida das prostitutas; e com o estabelecimento de uma linha direta reivindicatória com as organizações governamentais e não governamentais.[3]

Pensar a prostituição como tema de um trabalho acadêmico requer certo cuidado, sobretudo com as abordagens do senso comum que normalmente permeiam o debate. Não é difícil ouvirmos que as profissionais do sexo são "vítimas" da sociedade" ou são "algozes da moral e da virtude". É claro que estas informações não podem ser descontextualizadas do papel que historicamente se espera da mulher, sobretudo numa sociedade com fortes traços patriarcais, de difícil superação, apesar de os significativos avanços.

Devemos tomar cuidado com as abordagens adotadas. Não se trata de caridade e assistencialismo, em que caberia aos estudiosos pensar possibilidades de "salvação" das prostitutas; nem tampouco de incentivar a representação negativa acerca da prostituição. Devemos lutar contra os estereótipos e construir conjuntamente uma atuação que possa colaborar com a melhoria da qualidade de vida do referido grupo.

A estigmatização da prostituição é algo notório em nossa sociedade. Segundo Aparecida Moraes

[3] Maiores informações, ver em: MORAES, Aparecida Fonseca. *Mulheres da vila: prostituição, identidade social e movimento associativo*. Petrópolis: Vozes, 1995.

(1995, p. 36), há inclusive uma variável interessante que deve ser considerada:

> *[...] as prostitutas carregam um estigma que pode ser manipulado, já que podem apresentar, ou não, as marcas anunciadas pelo estereótipo. Essa condição de invisibilidade das características consideradas negativas reforça ainda mais o caráter ambivalente de toda a situação estigmatizadora.*

Esta diferença, no caso específico da prostituição, é de suma importância para os estudiosos do lazer, uma vez que cria uma situação que supostamente poderia eliminar uma barreira para a fruição do lazer. Mas isso significa uma forma de preservação forçada da identidade, o que não deixa de representar outra barreira, já que restringe a participação da prostituta em sua totalidade de papéis, seja de mãe, mulher e/ou profissional.

Na verdade, parece-nos fundamental compreender, identificar e contribuir para superar as barreiras que se apresentam, para os diferentes grupos sociais (entre eles o das prostitutas), para a apropriação de diferentes manifestações culturais no lazer. Isto deve estar inserido em um esforço de questionar um mercado claramente seletivo, somente acessível em toda a sua plenitude aos privilegiados economicamente, e a ação da indústria cultural, cada vez mais forte, propagando uma visão de cultura linear, superficial e unidimensional, restringindo as possibilidades de vivências de lazer da população.

Vale ressaltar que uma revisão preliminar da literatura mostrou que não existem trabalhos específicos sobre a relação entre prostituição, atividade física e lazer na realidade brasileira, o que indica que tal possibilidade de pesquisa/atuação não tem sido considerada usualmente em nossa área de conhecimento. Na verdade, parece que ainda existem problemas na produção teórica em geral sobre o assunto:

> *Uma certa produção intelectual, possuindo algumas vertentes com características acadêmicas, muito tem falado sobre a prostituição, mas pouco apresentou acerca das práticas e discussões próprias das prostitutas* (MORAES, 1995, p. 31).

Enfim, este estudo não esteve interessado em "salvar" as prostitutas, muito menos em condená-las, tampouco em exaltar a prostituição. Nosso objetivo foi o de entender quais as relações existentes entre a profissão exercida por essas mulheres e os seus momentos de lazer: de que maneira o ofício de prostituta influencia na fruição do tempo disponível. Além disso, no mesmo âmbito da preocupação anterior, outra questão nos intrigou: a relação que elas têm com seus corpos ou de como se apresenta a questão da estética, da saúde, do corpo enquanto instrumento de trabalho. Nosso público-alvo foi composto por prostitutas que trabalham em uma "zona confinada de baixa prostituição" (Vila Mimoza), na região central da cidade do Rio de Janeiro.

O projeto justificou-se por: a) reconhecendo as prostitutas enquanto grupo social, contribuir para diminuir o estigma e melhorar sua qualidade de vida; b) apresentar aos futuros professores/animadores culturais novas possibilidades de pesquisa e intervenção; c) ressaltar o papel social da universidade, com base em seus inextricáveis objetivos de ensino-pesquisa-extensão.

O primeiro passo de nosso grupo de pesquisa foi buscar, por meio de revisão literatura, subsídios para a elaboração de um referencial teórico que nos permitisse uma compreensão adequada acerca da temática "prostituição" e que nos possibilitasse traçar inferências e aproximações sobre sua relação com o "lazer", já que não encontramos nenhum artigo específico sobre tal possibilidade de entendimento.

Esse momento inicial também foi fundamental para que formulássemos nossa perspectiva metodológica, inclusive a opção e a composição do instrumento de coleta de dados. Optamos pelo recurso de entrevistas semi-abertas, a serem realizadas na própria Vila Mimoza, devendo ser gravadas e posteriormente transcritas.

Cumprida esta etapa, fomos ao campo para dar início ao segundo momento do projeto. As primeiras incursões, mediadas por um representante da Associação de Prostitutas, serviram como ambientação e como pilotos para avaliação dos limites e das possibilidades de nosso instrumento de coleta de dados. Nesta etapa, percebemos que em nosso roteiro de entrevistas havia problemas que comprometeriam a captação dos dados e que a utilização do gravador mostrava-se inviabilizada pela dinâmica do espaço[4] e mesmo pela temeridade demonstrada pelas primeiras prostitutas entrevistadas no que se refere ao destino das informações reveladas,[5] mesmo que garantíssemos sigilo. Diante disso, rediscutimos o roteiro, bem como resolvemos abolir o gravador, passando a anotar as respostas. Para facilitar tal tarefa, ficou decidido que as entrevistas deveriam ser feitas sempre em duplas.

Com o roteiro da entrevista reformulado, iniciamos a fase de coleta de dados propriamente dita. Assim, durante os meses de novembro e dezembro de 2000 e janeiro de 2001, realizamos 121 entrevistas com prostitutas da Vila Mimoza. Estima-se, de acordo com os dados fornecidos pela Associação de Prostitutas, que este número representa uma amostra de aproximadamente 10 % a 15 % da população que exerce a prostituição nesta localidade.

Após findar esta etapa, teve início a fase de análise das entrevistas, em que se buscou identificar categorias que permitiram a interpretação dos resultados e a construção coletiva do relatório final. São estes resultados que passaremos a apresentar.

---

[4] Nas casas da Vila Mimoza existe a presença constante de sonorização, seja específica do estabelecimento ou com máquinas do tipo Juke Box. Os clientes pagam para ouvir as músicas de sua preferência, no volume que desejarem. Com isso, a utilização de gravadores se mostrou inadequada.

[5] As primeiras se mostraram desconfortáveis com a utilização do gravador. Algumas temiam que sua identidade pudesse ser revelada e que nós pudéssemos ser jornalistas. Moraes (op. cit.) também identificara este problema em sua pesquisa.

Resultados Obtidos[6]

O nosso intuito foi claro: categorizar e analisar com base na fala das prostitutas. Por isso, a todo momento pleiteamos ouvir o que essas atrizes sociais tinham a dizer acerca de uma dimensão de sua vida cotidiana.

Na verdade, a perspectiva de conhecermos a importância, os sentidos e os significados que as prostitutas concedem aos seus momentos de lazer se apresentava diante de nós como uma tarefa de grande dificuldade e muito desafiadora. Um dos desafios do grupo era mesmo ter que lidar com os próprios tabus e preconceitos que carregávamos no início do trabalho.

Todo esse desafio sem dúvida constituiu-se em uma grande e rica experiência profissional e de vida, levando-nos a repensar os nossos próprios pressupostos e nos melhor colocar enquanto educadores comprometidos com a construção de uma nova ordem social. Esse aprendizado não é apresentado explicitamente em nenhum documento escrito, mas com certeza será para sempre lembrado em nossa memória.

A prostituta é uma trabalhadora

No nosso modo de entender, a prostituição se configura com um trabalho como outro qualquer, mesmo que possua suas peculiaridades. Assim, a relação existente entre elas e seu trabalho não é completamente diferente da que ocorre com outras categorias profissio-

[6] Por restrição de espaço, não apresentaremos os dados completos, descritos por pergunta. Os interessados podem obter tal informação no relatório completo, disponibilizado em nossa página na internet: http://www.eefd.ufrj.br.

nais. É claro que o fato deste trabalho não ser aceito socialmente, gera um misto de rejeição e desafio à moral constituída para aquelas que o realizam. Isto é, as prostitutas assumem que é um trabalho, mas também percebem que em muitas oportunidades tem que esconder sua atuação profissional, para evitar os preconceitos e o estigma historicamente construídos.

De qualquer forma, nesse momento temos que analisar a dinâmica de trabalho em si e suas injunções nos momentos de lazer das prostitutas. Por exemplo, o fato desta modalidade de trabalho se caracterizar pela não-uniformização rígida dos horários de trabalho pode se tornar um elemento dificultador para a vivência dos momentos de lazer dessas mulheres.

A princípio poderia-se até pensar que a não-uniformização da jornada indicaria uma vantagem, pois significaria flexibilidade. Esse suposto benefício, entretanto, não se apresenta como tal no real. O que encontramos nas entrevistas foram diversos depoimentos de mulheres que trabalham até 16 horas por dia, durante dias seguidos. É uma jornada cansativa, em que a remuneração financeira depende constantemente dos esforços individuais de cada prostituta: quanto mais programas, maior o lucro.[7] Vale também lembrar o fato da dupla jornada de trabalho da mulher, o que reduz ainda mais seu tempo disponível.

Outro dado significativo é que embora seja a minoria (cerca de 20% das entrevistadas), conseguimos identificar mulheres que, além do exercício do meretrício na Vila Mimoza, também trabalham em outras

[7] Na ocasião de nossa pesquisa, um programa de 20 minutos custava em torno de R$ 20,00 dos quais uma parte era destinada a(o) dona (o) do quarto.

atividades, aumentando ainda mais o desgaste e sua carga horária.

Provavelmente por isso algumas mulheres disseram não ter nenhuma forma de lazer e outras disseram que quando saem da Vila vão dormir, em virtude do cansaço. Logo, é possível inferir que tais mulheres praticamente apenas dormem e trabalham.[8] Aliás, vale ressaltar que embora sua jornada de trabalho possa confundir-se com lazer (na medida em que há música, dança, bebida e sexo), para as prostitutas é trabalho, sendo lazer somente para o frequentador. Vale observar que muitas entrevistadas se pronunciaram para deixar claro que identificavam a Vila como local exclusivamente de trabalho.

Aliás, a lógica de trabalho das prostitutas lembra muito as dificuldades encontradas pelas categorias profissionais que trabalham nos momentos comuns de lazer (animadores culturais, guias, pessoal de rede hoteleira, entre outros). Não podemos negar que as prostitutas assumem um papel de profissionais de lazer,[9] trabalhando enquanto os outros se divertem.

Este resultado aponta para uma problemática muito comum nos grandes centros: a jornada extenuante de trabalho. Aliado constantemente a grande distância

---

[8] Algumas entrevistadas relataram que ficam seguidamente na Vila durante seis dias, e que lá apenas dormem e trabalham. Apenas quando estão em casa é que têm lazer. A entrevistada 114 afirma que: "*Eu durmo. Eu trabalho de segunda a segunda, quase doze horas. Quando saio eu quero é dormir*".

[9] Tendo em vista tal discussão, na segunda fase do projeto estamos estudando a Vila Mimoza enquanto espaço de lazer da cidade, buscando desvendar sua lógica de organização, bem como o perfil do frequentador. Para tal fase, o grupo foi agraciado com mais duas bolsas de pesquisa PIBIC/UFRJ/CNPq.

a ser percorrida no trajeto casa-trabalho-casa, acaba por reduzir as possibilidades não apenas no que se refere à vivência de momentos de lazer, como também de dar continuidade aos estudos. Não surpreende que apenas duas prostitutas disseram estudar. É claro que isso pode ser entendido de outra maneira. Leva a pensar se a questão da formação realmente se apresenta como necessidade imperiosa para o exercício da profissão.[10]

Outro dado que demonstra a relação direta entre a natureza do trabalho e a vivência do lazer é o fato de apenas quatro mulheres apontarem a viagem como opção de lazer. Isso remete a duas questões importantes: primeiro a longa jornada, que inclui trabalho nos fins de semana; segundo, o fato do ganho diminuir a medida que a prostituta deixe de ir trabalhar. Ou seja, dias viajando já representam menos dias trabalhando e, consequentemente, recebendo. Na verdade, isso é um problema comum para muitos trabalhadores autônomos.

As opções de lazer das prostitutas se aproximam muito de outras comuns entre várias camadas da população. Não nos pareceu nada surpreendente que a categoria "festa" (que inclui bailes, *shows*, pagodes, ida a bares, entre outros) tenha aparecido em 59 depoimentos, uma vez que esta é uma opção muito comum, inclusive entre as camadas populares.[11]

[10] Moraes (op.cit.) aponta que ter ou não formação não representa necessariamente uma valorização para o grupo. Por si só, a formação não garante o respeito. Em muitos casos, torna-se até motivo de descrença, uma vez que paira no imaginário que a Vila Mimoza não seria local para quem tem estudo.

[11] Sobre a rede e a "festa" como opção de lazer, vale a pena ler o estudo: MAGNANI, José Guilherme Cantor. *Festa no pedaço*. São Paulo: Hucitec, 1998.

Esse tipo de entendimento também se aplica a outra categoria definida por nós como "passeio". Tal categoria inclui a ida à praia, parques, *shoppings*, clubes etc. O significativo número de vezes que tal categoria foi mencionada (76) aponta para o fato de tal opção de lazer ser bastante difundida no Rio de Janeiro.

Outro ponto que também foi bastante evidenciado foi a utilização do *shopping* como equipamento de lazer. Mais do que simplesmente um local de realizar compras, para significativa parcela da população a ida ao *shopping* se afirma como um programa familiar, que em outros tempos pode ser comparado com a ida ao Jardim Zoológico ou a um parque. Esse fenômeno é plenamente compreensível dentro do avanço da sociedade de consumo e claramente observável no crescimento do número de *shoppings*.

As opções de lazer relacionadas aos interesses artísticos obtiveram 32 referências, cerca de 10 % do cômputo geral. Mais uma vez o resultado não surpreende, pois a baixa citação de atividades dessa natureza é comum em função da dificuldade de tempo, da distância do local de moradia de instalações específicas (cinemas, teatros etc.), bem como das deficiências educacionais relacionadas à arte em nossa sociedade.

A categoria "atividade física" foi citada em apenas quatro entrevistas. Isso indica que a consideração de tal prática, seja por meio de esportes, de atividades de academia, caminhadas, entre outras, não constitui uma significativa opção de lazer para este grupo. Mais à frente discutiremos com maior profundidade essa baixa ocorrência.

A falta de citações nas categorias interesses físicos e artísticos obviamente não significa que o animador cultural não deva considerar essas possibilidades se for implementar um programa de lazer com este público-alvo. Aliás, pelo contrário, o quadro apresentado deve ser considerado com extremo cuidado no momento de elaboração de políticas públicas e/ou programas de lazer para o respectivo grupo.Enfim, mesmo que aparentemente os momentos de lazer das prostitutas não carreguem grandes diferenças se comparados aos de outras categorias profissionais, as peculiaridades aqui apresentadas podem e devem ser consideradas na reflexão sobre o assunto e na elaboração de programas e políticas específicas.

A PROSTITUTA É MÃE

Indubitavelmente a categoria "família" foi a mais mencionada no que se refere as opções de lazer. Nesta categoria incluímos as menções de atividades em conjunto com filhos, companheiros e/ou outros familiares. Esta categoria merece uma atenção especial, tamanha foi sua manifestação nas entrevistas: 98 referências, constituindo mais de 30 % do total (quase um 1/3).[12] Além disso, encontramos uma valorização extrema dessa relação com família nos discursos das entrevistadas.

Uma das percepções é que as mulheres acabam utilizando seu tempo do não-trabalho para dar conta dos serviços acumulados de casa, considerando-os como

[12] Nessa pergunta, foram identificadas 301 referências, na medida em que cada entrevistada poderia citar mais de uma opção de lazer.

lazer. Mas a percepção mais forte é a de que a questão familiar funciona como uma forte referência das prostitutas com o mundo da "não-prostituição".

Moraes (1995, p. 72) também percebeu isso em seu trabalho. Notou como havia a tentativa explícita de delimitar uma fronteira entre a mulher-mãe e a mulher-prostituta. Muitas prostitutas acabam por tentar "justificar" sua estada na profissão com o argumento de que lá fora são outra pessoa. Não foram poucos os relatos em que afirmam que na Vila são como as atrizes que desenvolvem uma personagem, não sendo nada parecidas com aquela que estamos entrevistando.[13] Segundo a autora:

> *Muitas vezes a expressão de oposição uma dentro x outra fora pode ser definida como um mecanismo de autopreservação, acionado para esclarecerem que separam a imagem da puta da imagem da mulher.*

Foram mesmo comuns as afirmações de que nos momentos de lazer são "pessoas normais". Parece que havia uma preocupação explícita em se apresentarem como não condizentes com o estereótipo da prostituição. Algumas até assumiam uma posição defensiva diante de nossa pergunta.[14]

---

[13] A entrevistada 6, por exemplo, sintetiza bem tal compreensão ao dizer "lá fora sou uma pessoa normal".

[14] Tal posição ficou bem explícita nas entrevistas 6, 23, 37, 51, 55, 56, 60. A entrevistada 51, por exemplo, de imediato nos perguntou: "como vocês da Universidade acham que nós nos divertimos? Como vocês da Universidade se divertem"?

Não por acaso, dentro da categoria "familiar", grande parte das prostitutas procuram demonstrar uma relação de proximidade e afirmam que passam seus momentos de lazer com seus filhos. Vale registrar que aproximadamente 85 % das prostitutas são mães. Isso pode representar um certo sentimento de culpa, não somente pela profissão, mas também pelo tempo que ficam longe de seus filhos, como também um desejo de se afirmarem como mães. Segundo Moraes (1995, p. 68):

> *Assim como acontece em outras situações, este aparato influenciou as vivências maternas e familiares destas mulheres e também produziu ambiguidades na assunção da identidade, fazendo com que elas assumissem diversamente discursos de resistência e defesas diante das concepções que negam às prostitutas o desempenho do papel materno.*

A autora apresenta mais algumas interessantes considerações:

> *Outras elaborações interpretativas também são acionadas por elas para reduzir a oposição entre o papel de mãe e de prostituta. É uma forma de buscarem atitudes compensadoras frente à negação da sua maternidade. Defendem-se deste mecanismo acusatório*

> *através de comportamentos que revelam excessivos cuidados e zelos para com seus filhos [...]*

Enfim, em grande parte das entrevistas, observamos um comprometimento muito intenso com o papel materno. Esta posição bastante evidenciada pode ser explicada como um fator singular que as identificam com a parcela dita “normal” da sociedade. Destarte, a comunicação explícita das relações afetivas com os filhos caracteriza a família como representação dos valores morais, sendo, portanto, um processo que busca reduzir o poder avassalador dos estigmas.

Não por acaso, quando perguntadas sobre o que desejariam fazer nos momentos de lazer, novamente surge o desejo de uma maior permanência com a família. Contudo, são os filhos, dentre todos os outros tipos de relacionamento, os que menos sabem da profissão da mãe. Certamente, o papel da mulher historicamente idealizado pela sociedade e sobretudo da mãe exerce forte influência sobre o exercício da profissão e consequentemente na postura diante dos filhos.

Em geral, o preconceito conferido à prostituta tem duas origens complementares. A primeira, em relação ao comportamento sexual, que concebe a mulher como exclusivamente monogâmica, “pura” e desprovida de iniciativas sexuais. A segunda se refere à condição econômica da mulher, que, de acordo com o padrão cultural vigente, deve estar à mercê da situação financeira do cônjuge e condenada à vida doméstica.

Com base nessa concepção social, a mulher que é economicamente independente, sexualmente ativa e, ainda mais, que ganha dinheiro com a venda sexual do seu corpo, é incompatível com as relações maternas.

Adiciona-se ainda como explicação o aspecto protecional. Ou seja, as mães prostitutas não contam a sua atividade aos seus filhos com a finalidade de protegê-los dos possíveis conflitos que possam vir a sofrer pelo fato da sua profissão não ser considerada digna.

Não obstante, esta situação, que à primeira vista se tornaria um obstáculo insuperável para o exercício da maternidade, é vertiginosamente invertida por algumas prostitutas, que justificam a profissão como artifício de melhor querer e atender as necessidades dos filhos.

A PROSTITUTA E O PRECONCEITO NOS MOMENTOS DE LAZER

Evidentemente, a sociedade possui, quase sempre carregadas de dualismo/maniqueísmo, diversas opiniões, representações e valores acerca da prostituição, um fenômeno social marcado pela polêmica. Constituem-se, assim, um conjunto de estereótipos, que de maneira equivocada passam a ser considerados como verdades absolutas sobre as mulheres que exercem a prostituição.

É fácil constatarmos a presença, no imaginário coletivo, de representações que as definem como pessoas que manifestam "desvios" de ordem moral e comportamental. De acordo com esta perspectiva, as prostitutas seriam consideradas desajustadas, desordeiras e criminosas; possuindo famílias desagregadas e relações isentas de afetividade; opondo-se à maternidade, abandonando os filhos, e em todo momento estando na presença de "más companhias".

Nossos resultados indicam possíveis reflexos destes preconceitos. Identificamos que a maior parte das prostitutas usufrui dos momentos de lazer com pessoas que não sabem de suas atividades. O medo do preconceito torna-se, assim, a principal causa da manipulação voluntária da condição profissional, ora identificada, ora omitida.

Quando perguntamos sobre a influência da profissão nos momentos de lazer, apesar de não se tratar de uma pergunta fechada e direcionada, o preconceito foi o mais citado pelas prostitutas que evidenciaram a existência de algum tipo de influência. As falas de três prostitutas relatam respectivamente suas situações: a) "Influência... por causa da profissão as pessoas tratam diferente... elas confundem"; b)"Atrapalha... minha família não sabe"; c) "Sim... tem muito preconceito... vizinhos já me viram aqui... me sinto mal...".

Verifica-se, ademais, outro dado relevante no que tange ao medo do preconceito. A distância da residência ao local de trabalho, neste caso a Vila Mimoza, mostra-se um componente importante na manutenção do sigilo profissional. Estimamos que cerca de 54% das prostitutas entrevistadas não residem no município do Rio de Janeiro, e se ainda considerarmos os bairros das que residem na cidade, verificaremos um número reduzido que mora perto da Vila. Deste modo, na tentativa de não serem reconhecidas como prostitutas, o exercício da profissão se dá, em muitos casos, afastado da comunidade onde residem.

Apesar de ser um número menor, não podemos desconsiderar que uma parte também significativa das prostitutas relatou desfrutar seus momentos de lazer com pessoas que têm conhecimento da sua profissão. Talvez isto seja um indício de que paulatinamente as prostitutas vêm afirmando o seu direito ao papel de sujeito na sociedade.

Converge, ainda, a citação de Aparecida Moraes (1995, p. 35) ao antecipar o desenrolar do seu livro:

> *[...] será possível perceber que esta categoria não é apenas 'passiva', 'alienada' ou mera receptora dos modelos dominantes, jogando, inclusive, com os atributos que as estigmatizam a fim de obter a sua clara identificação pelo cliente e, por conseguinte, os ganhos financeiros.*

Outro fator concomitante que contribui para a revelação da profissão é o poder e a liberdade econômica que estas possuem. Avaliamos, segundo os nossos dados, que 63,5 % são solteiras e que possivelmente são as principais provedoras da renda familiar.

Uma evidência atual deste contexto é a publicação da matéria intitulada "As Prostitutas do Século XXI: elas mostram o rosto, abrem o bolso e a vida para contar como é o Brasil das vendedoras do corpo",[15] numa das revistas mais veiculadas nas classes média e alta brasileiras. Inclusive, não foi raro ouvirmos a expressão "eu não tenho nada o que esconder".

---

[15] *Revista Época;* ano III, nº 127, p. 62-71; 23 out. 2000. Elaine Brum e Gustavo Krieger (textos); Fabiano Accorsi e Sérgio Dutti (fotos).

Entre aquelas que vivenciam seus momentos de lazer com pessoas que sabem de sua profissão, destaca-se que esses são normalmente amigos e não familiares. Evidentemente, as relações afetivas entre mãe e filho são diferentes das estabelecidas entre amigos. Enquanto que a primeira é caracterizada por uma *atemporalidade* e também por certa obrigatoriedade, a segunda, na maioria dos casos, é de cunho predominantemente espontâneo, além de possuir certo caráter descartável, em que ocorre uma maior possibilidade de distanciamento. Desta forma, há uma maior liberdade em assumir a profissão para os amigos.

Numericamente, houve um equilíbrio entre as prostitutas que relataram que a profissão interfere e as que relataram que não há nenhuma interferência nos momentos de lazer. Mas o que motivaria tal sensação? Será que realmente não há relação? Seria uma defesa contra a segregação por elas sofrida, tentativa de se afirmarem como iguais a qualquer outra mulher em seus sentimentos, em suas angústias, em suas necessidades e vontades? Ou puramente ignoram tal situação encarando-a como normal ou aceitável?

Certo é afirmar que há enorme preconceito em relação a esta profissão e seu peso é sentido por todas as que trabalham na prostituição, seja ela em qual nível for, podendo ser sentida de diferentes formas, nas mais diversas intensidades, variando de mulher para mulher, de acordo com a forma de segregação sofrida por cada uma e como esta é assimilada.

Mas não podemos nos esquecer que houve relatos de influências positivas da prostituição nos momentos de lazer. Algumas mulheres informaram que com o trabalho aumentam sua renda e conhecem outras pessoas, o que possibilita um maior leque de opções. Algumas até mesmo apontam que a flexibilidade de horário é um fator de vantagem. Dentro do quadro de baixos salários comuns às camadas populares, muitas vezes a prostituição acaba apresentando-se como alternativa mais viável e confortável. Retirado o aspecto moral, qual a diferença de vender o corpo durante 6 horas na Vila Mimosa e durante 6 horas enquanto faxineira? A prostituição às vezes também é escolha, dentro (ou não) de um quadro restrito de possibilidades.

A PROSTITUTA, SEU CORPO E A ATIVIDADE FÍSICA

Como as prostitutas encaram seu corpo? Devemos considerar que a concepção do corpo diz respeito a uma identidade e continuidade entre o corpo natural e o corpo social. É importante perceber que o corpo é mediador e comunicador de hábitos, de experiências e de um mundo. Dessa forma, a corporeidade é uma experiência deste corpo e sua significação irradia seu tempo, sua história e suas vivências. Na verdade, a corporeidade não é entendida apenas como os fios intencionais que saem do corpo em direção ao mundo, mas como a subjetividade social, maquínica e estética. A corporeidade é tomada também como paradigma das concepções educacionais e ético-políticas da formação do indivíduo, que podem esmagar ou libertar a subjetividade individual ou coletiva.

Pesquisando as profissionais do sexo da Vila Mimoza, percebemos que uma parte significativa encara o corpo como instrumento de trabalho, pelo qual retira seu sustento. Elas passam a encará-lo como um produto, em que as mudanças físicas desejadas são para, em grande parte das vezes, agradar os clientes e, logo, ampliar os lucros. Ao relacionar seu corpo como mercadoria, objeto, muitas delas expressam insatisfação e incômodo. Disse-nos uma delas: "Vejo o meu corpo como uma fábrica de dinheiro, como um material a ser consumido pelos outros".

Há mulheres que encaram o seu corpo como "normal", declarando que o acham semelhante ao de outras mulheres ou não a atrapalhando em sua função, na medida em que obtém êxito, mesmo não estando nos padrões preestabelecidos de beleza pela sociedade. As que declaram que gostam do corpo denotam uma satisfação pessoal, ou considerando-se belas e suficientemente desejadas e bem vistas ou por simplesmente não levarem em conta os padrões impostos.

Vale lembrar que na Vila Mimoza nem sempre as questões estéticas, consideradas como modelo de beleza difundido pela sociedade de consumo e pela indústria cultural, são preponderantes, sendo também considerados como fator de sucesso outros aspectos como a sensualidade, o vestuário, a afetividade, a experiência, os "adicionais". Os aspectos eróticos somam-se na concorrência pelo freguês. Ou seja, mesmo que no imaginário a beleza "comum" esteja presente, ao mesmo tempo as relações estabelecidas nesse espaço colocam em xeque os valores enaltecidos pela sociedade.

Encontramos também prostitutas que se dizem satisfeitas com seu corpo, mas que gostariam de modificá-lo em parte, para que melhor se encaixe em um suposto perfil de beleza procurado pelos frequentadores. Segundo algumas entrevistadas, vale mais a necessidade estética profissional do que sua satisfação pessoal. Essas se preocupam com questões estéticas gerais, como nos mostra algumas respostas: "estou muito gorda", ou "queria ter mais bunda", "gostaria que meus seios fossem maiores" etc. Uma parte se referiu a cirurgias plásticas e/ou ao desejo de terem o corpo igual ao de atrizes/artistas.

Portanto, ao se declararem insatisfeitas com seu corpo, as prostitutas podem estar buscando como referência o modelo hegemônico de beleza veiculado pelos meios de comunicação (algumas até respondem de maneira explícita). É bom destacar que a soma das respostas referentes a mudanças (insatisfação) quase se iguala ao número daquelas que se dizem satisfeitas.

A constatação da existência do componente de satisfação pode sugerir que no inconsciente da categoria é preciso que se goste de si mesma para desempenhar bem o seu trabalho, pois a atividade requer, assim como todo trabalho dentro da estrutura capitalista, um bom aproveitamento, o que significa o lucro desejado. E isso depende quase que exclusivamente do esforço individual. Ou seja, é preciso despertar o desejo no outro, e a condição para isso é também se sentir "atraente", "bonita".

Os principais cuidados que elas afirmam ter com o corpo estão fundamentalmente ligados às preocupações funcionais, notadamente os ligados à medicina, como exames e preocupação com as doenças sexualmente transmissíveis e distúrbios ginecológicos, além do uso de preservativos e lubrificantes, entre outros. Também destacam-se os cuidados higiênicos com o corpo e o uso de cosméticos em geral.

Foi possível também identificar mulheres que afirmaram não tomar nenhum tipo de cuidado com a saúde, higiene e/ou estética, sendo, no entanto, absoluta minoria. Essas parecem remeter para o corpo suas frustrações, traumas e tristezas, abandonando e renegando tanto o seu lado de sujeito quanto a situação de objeto que a profissão coloca-as.

As respostas sobre o tipo de atividade que gostariam de fazer para o corpo foram para nós, em certa medida, instigantes: a imensa maioria gostaria de praticar algum tipo de atividade física e uma parte significativa não gostaria de praticar nada. Muitas ao mesmo tempo que introdutoriamente se diziam estar satisfeitas com o corpo, logo a seguir diziam desejar praticar atividades físicas para modificar o corpo.

A prática de atividades físicas estava amplamente relacionada a questões estéticas. Isso não é incomum, pois é comum a relação linear entre a atividade física e a beleza, a saúde, o bem-estar, o sucesso. Deste modo, as prostitutas, enquanto um grupo da sociedade, encontram-se amplamente permeadas por tais concepções acerca da atividade física.

Vale lembrar que o grande interesse em atividades físicas é comum à sociedade brasileira, mas a sua prática efetiva não. Segundo a *Folha de São Paulo,* 93 % das pessoas que residem no Rio de Janeiro e em São Paulo, e que possuem idade acima de 14 anos, têm apreço por alguma atividade física. Contudo, apenas 61 % praticam-na. As razões deste contexto são diversas; entretanto, a condição econômica figura como a principal.

Enfim, após a análise e interpretação das entrevistas, é possível assim resumir os resultados obtidos: a) a prostituição deve ser encarada como um trabalho que, como em outras categorias, traz problemas que restringem as vivências de lazer (como a extensa jornada, a baixa remuneração, a distância do local de trabalho); b) contudo, no caso específico, o preconceito e o estigma se apresentam como consideráveis barreiras ao acesso às manifestações de lazer; c) o lazer em família é uma das preferências do grupo, fazendo parte de um processo de autoafirmação, ligada à maternidade, que busca reduzir o estigma ao redor do exercício profissional; d) as prostitutas mantém uma relação ambígua com a prática de atividades físicas, não as considerando como principal opção de lazer, mas ressaltando sua valia na manutenção corporal, importante para o desempenho profissional; e) no que se refere à sua relação com seu corpo, boa parte delas o veem como instrumento de trabalho e um produto/mercadoria do qual tiram sustento, sendo as mudanças físicas desejadas, na maioria das vezes, para agradar os clientes; f) ainda assim, o conceito de beleza dentro da Vila Mimoza é bastante heterogêneo; isto é, embora as prostitutas tenham um ideal de corpo, prevalecem outras qualidades como meio para obter uma boa clientela.

Pensamos que os resultados obtidos podem-se constituir em importantes indicadores para os animadores culturais e/ou poderes públicos que desejam implementar programas de lazer/atividades físicas que realmente possam atuar para democratizar o acesso às diferentes manifestações culturais do lazer para o público-alvo estudado. Isto é, avançar na compreensão da representação que as prostitutas têm sobre o lazer, sua importância em suas vidas e, mais ainda, o significado de suas vivências assume papel importante para entendermos um pouco mais sobre este grupo, bem como para subsidiar as ações públicas nesta área.

Aliás, uma questão que não pode ser esquecida quando se lida com uma minoria social e sua relação com um direito social – neste caso, o lazer – é a discussão sobre o papel que cabe ao poder público. Não podemos esquecer que a própria atuação estatal tem importância fundamental no que se refere à afirmação e ampliação do direito ao lazer.

Estudos anteriores, como os de Meily Assbú Linhales (1999), José Ribamar Pereira Filho (1999) e Marcelo Paula de Melo (2001),[16] demonstram que muitos dos problemas encontrados poderiam ser pelo menos diminuídos se os poderes públicos optassem por considerar seriamente o lazer como direito social. Com isso, deveria ser pensada uma política pública de lazer que buscasse realmente atuar para democratizar o acesso às diferentes manifestações culturais do lazer para todos os grupos existentes.

---

[16] LINHALES, Meily Assbú. "Lazer, Cidadania e qualidade de vida: reflexões acerca da possibilidade de liberdade e de ação política", *Licere*, Belo Horizonte, v. 2, nº1, p. 19-30, 1999; MELO, Marcelo Paula de. *Políticas públicas de Esporte/Lazer em São Gonçalo: uma análise crítica da atuação da Semel/SG.* Rio de Janeiro: UFRJ/EEFD, 2001. Memória (Bacharelado em Educação Física); PEREIRA FILHO, José Ribamar. *Políticas públicas de esporte e lazer: o caso da Favela da Maré.* Rio de Janeiro: Universidade Gama Filho, 1999. Dissertação (Mestrado em Educação Física).

Capítulo 9

HOMOSSEXUALIDADE, EDUCAÇÃO FÍSICA E ESPORTE: PRIMEIRAS APROXIMAÇÕES[1]

Introdução

Nas últimas décadas, têm-se observado significativas alterações na organização da sociedade. Alguns autores inclusive têm defendido, com base na constatação de tais mudanças, que o modelo da sociedade moderna ruiu e que estamos em plena transição para uma era pós-moderna.[2]

Segundo Rouanet,[3] os pensadores advogados do paradigma pós-moderno têm centrado suas críticas e análises na modernidade social (abrangendo a economia e o Estado) e na cultural (abrangendo o saber, a

[1] Este artigo foi escrito em conjunto com o prof. Carlos Fernando Ferreira da Cunha Junior.

[2] DELEUZE, Gilles; GUATTARI, Félix. *L'Anti-Oedipe*. Paris: Editions de Minut, 1972; DERRIDA, Jacques. *L'ecriture et la difference*. Paris: Editions de Minut, 1967; LYOTARD, Jean François. *La Condition PostModerne*. Paris: Editions de Minut, 1979.

[3] ROUANET, Sérgio Paulo. *As razões do iluminismo*. São Paulo: Companhia das letras, 1987.

moral e a arte), sendo loquazes no argumento de renovação das formas de política realizadas na era pós-moderna.

> *Enquanto a política moderna tinha como palco o Estado e visava a conquista ou a manutenção do poder estatal, a política pós-moderna tem como palco a sociedade civil e visa a conquista de objetivos grupais ou segmentares. Os sujeitos da nova política não são mais cidadãos, mas grupos, e seus fins não são mais universais, visando o interesse geral, mas micrológicos* (ROUANET, 1987, p. 237).

A questão é extremamente polêmica e o próprio Rouanet defende que tal fato não representa ruptura com a modernidade, pois a emergência dos novos movimentos sociais significa muito mais um enriquecimento do campo político do que a superação da política moderna por uma nova política pós-moderna, segmentar e micrológica.

Críticas e defesas da pós-modernidade à parte, fato é que alguns movimentos sociais, as chamadas "minorias", representam hodiernamente papel importante na organização da sociedade. O presente estudo focaliza um destes grupos, os homossexuais, buscando identificar suas vivências na educação física e no esporte. Nos últimos anos, movimentos surgiram no intuito de combater o preconceito e a discriminação social e repensar as questões ligadas à homossexualidade. Tais discussões tornaram o assunto significativamente visível e têm contribuído na gradual redução do estigma social. A despeito disto, a educação física brasileira parece estar desconhecendo a importância e profundidade desta problemática. Assim, objetivamente, procuramos identificar manifestações de preconceitos e discriminações para com homossexuais masculinos (gays),[4] identificados nos campos de atuação do professor de educação física.[5]

Procuramos, com a realização deste trabalho: apontar novos caminhos de pesquisa para o tema, já que a literatura brasileira é escassa ou quase inexistente; alertar os professores da área a respeito da problemática levantada; e, finalmente, contribuir para alertar acerca da necessidade de que as atividades físicas/esportivas não estejam restritas a determinados segmentos da população. Para alcance do objetivo foi realizada uma revisão da literatura sobre o tema em questão e, fundamentalmente, uma análise qualitativa de conteúdo de dez entrevistas semiestruturadas com homossexuais masculinos.[6]

Homossexualidade: discursos

Cremos ser necessário inicialmente abordar alguns aspectos da homossexualidade, não com o intuito

---

[4] Adotamos o conceito norte-americano "GLS" que designa e agrupa gays, lésbicas e heterossexuais simpatizantes do movimento.

[5] Neste estudo, os campos de atuação dos professores da área são simplificadamente apresentados em escolar (ginástica, jogo, dança e esporte no âmbito da escola) e não-escolar (as mesmas atividades no âmbito dos clubes, academias e na prática comunitária, em geral).

[6] Em futuros estudos estaremos abordando os preconceitos e as discriminações para com lésbicas.

de discutir extenuadamente o assunto, mas buscando contextualizá-lo historicamente e conceituá-lo minimamente, objetivando compreender melhor como o preconceito e a discriminação[7] para com os homossexuais vem estabelecendo-se. Assim esperamos também apontar um possível papel do professor de educação física neste processo.

Percebemos que as conceituações em torno da homossexualidade se apresentam bastante díspares. Consideramos então, em nosso esforço de definição, exatamente esta inexatidão e a heterogeneidade da homossexualidade, assumindo-a como variações sobre um tema central: indivíduos do mesmo sexo que estabelecem relações sexuais e afetivas. Desta forma, pretendíamos aproveitar a riqueza de situações que se apresentariam. Além disto, nosso entendimento básico é que a homossexualidade só pode ser plenamente compreendida do contexto cultural em que se insere. Em culturas diferenciadas, a homossexualidade assume valores e significados diferentes. Obviamente, com base nisso, as manifestações de preconceito e discriminação também o são.

Embora conscientes dessa diversidade cultural, que impede que consideremos de forma similar a homossexualidade numa tribo indígena, na Grécia Antiga e hodiernamente no eixo Rio de Janeiro-São Paulo, ao buscarmos entender como historicamente se tem

---

[7] Neste estudo estamos definindo preconceito como sentimento ou atitude desfavorável a uma pessoa e/ou grupo. Já discriminação é definida como um tratamento desfavorável a uma pessoa e/ou grupo. Maiores informações podem ser obtidas em: LEONARD, W. Blacks in Sports. In: WIDMEYER, W. Neil. *Physical Activity and the Social Sciences.* Woodstock: Mouvement Publications, 1983.

construído os discursos de preconceito e discriminação, privilegiamos a compreensão generalizada daqueles construídos na sociedade brasileira. Dessa forma, estaríamos mais próximos de entender e refletir sobre as contemporâneas manifestações de preconceito e discriminação no contexto de nossos entrevistados, todos do Rio de Janeiro.

Enfim, a compreensão básica que permeia o estudo é de que não existem verdades absolutas estabelecidas acerca da homossexualidade, que não pode deixar de ser considerada, tanto suas ideias quanto as práticas ao seu redor, como produções historicamente situadas, social e culturalmente estabelecidas. Esta compreensão é muito importante para o intuito deste estudo, pois retira as discussões sobre a homossexualidade do campo estrito da religião, da psicologia e/ou da medicina, situando-as no campo mais amplo da cultura, em que encontramos inclusive as atividades físicas/esportivas. Ao entendermos as grandes linhas de discurso de preconceito e discriminação no decorrer do tempo, podemos traçar paralelos com a situação brasileira contemporânea, encontrando apontamentos diretamente ligados às atividades físicas/esportivas.

Várias são as categorias que surgiram na tentativa de "explicar" a homossexualidade, ligando-a a questões familiares, fatores genéticos, desordens religiosas e morais, entre outras, todas plenamente possíveis de serem consideradas como produções ideológicas. Por trás destas categorias é possível identificar uma lógica, marcantes linhas de discurso. Um primeiro grande discurso observável no Brasil foi estabelecido pela óptica religiosa, com base no papel central de "fiscalização" da Igreja Católica. As relações homossexuais eram consideradas "pecado de sodomia", crime passível de condenação à morte.

O discurso religioso foi marcante e ainda hoje, mesmo entre os setores mais progressistas da maioria das religiões, continua a existir concepções de que a homossexualidade seria um grave pecado. Mas é a partir aproximadamente da metade do século XIX que um discurso ainda mais influente, até mesmo devido à sua "consistência científica", começa a tornar-se observável: o da preocupação médica para com a homossexualidade. Esta preocupação está ligada ao contexto de ideias higienistas acerca da "saúde"[8] da nação, em que o controle da sexualidade tinha ligação direta à "saúde" da família, considerada estratégica. Com os médicos, a homossexualidade passa gradualmente de "pecado" para "doença".[9]

Várias foram as propostas e os tratamentos desenvolvidos para "curar" homossexuais, encarados como nunca com base na óptica biológica. Nesta gradual ascensão do discurso médico, sem que se possa delinear exatamente os discursos da psicologia ganham relevância. Primeiro porque se aceitava a possibilidade de um defeito psicopatológico, além dos possíveis problemas endógenos, mas fundamentalmente devido à ascensão e influência da psicanálise freudiana. Para Freud, a heterossexualidade era a única condição sexual sadia e a procriação a finalidade máxima dessa relação. Obvia-

---

[8] A saúde é entendida aqui em seu conceito reduzido como ausência de doenças.

---

[9] FRY, Peter; MacRAE, Edward. *O que é homossexualidade*. São Paulo: Brasiliense, 1991.

mente, a homossexualidade estava excluída, sendo considerada como condição quase incurável. Talvez não exatamente uma doença, mas com certeza um grave defeito, fonte de infelicidade.

É provável que a educação física tenha participado diretamente destas "preocupações" para evitar o "surgimento" de homossexuais. Não podemos esquecer que a educação física esteve diretamente imersa em preocupações higienistas. E se estava diretamente vinculada ao impedimento do surgimento de "doenças" e à manutenção da ordem "moral", de alguma forma deve ter participado destes esforços de "cura" e de "prevenção". Isto é claramente identificável, por exemplo, na Teoria da Transfiguração, uma teoria para o Jogo traçada de acordo com uma visão evolucionista, de Inezil Penna Marinho.[10] O autor afirma que:

> *O instinto da transfiguração poderá manifestar-se algumas vezes de forma alarmante, culminando com a transfiguração sexual[...] fundamentalmente psíquica. Para evitar que o instinto da transfiguração nas suas manifestações mais intensas e negativas, possa eclodir [...] trazendo consequências às vezes desastrosas, imperioso se torna propiciar à criança múltiplas oportunidades que funcionam como verdadeira válvula de segurança.*

---

[10] MARINHO, Inezil Penna. *Sistemas e métodos de educação física.* Rio de Janeiro: [s.n.], 1953, p.43.

Estes discursos tiveram papel central no estabelecimento dos preconceitos para com os homossexuais, considerados por muitos, ainda hoje, pecadores, doentes, na melhor das hipóteses infelizes. No entanto, movimentos de afirmação dos homossexuais foram organizados pronunciadamente a partir da década de 70, em busca de seu reconhecimento e de seus direitos, combatendo os preconceitos e as discriminações, lutando para abolir da sociedade estas compreensões distorcidas. A questão homossexual hoje ganha progressivamente relevância e ocupa espaços importantes. Muitas conquistas são observáveis, embora o preconceito e a discriminação estejam longe de ser exterminados.

Como será, então, que a educação física, que sempre privilegiou e se destinou a indivíduos "saudáveis", tem visto atualmente essa questão? Como tem-se estabelecido dentro de nossa área preocupações quanto às possíveis barreiras que têm impedido o acesso de homossexuais a atividades físicas/esportivas?

Educação física, esportes e homossexualidade: teorias e vivências

A revisão da literatura nacional não revelou nenhum estudo recente envolvendo homossexuais, educação física e/ou esporte. Na literatura internacional, embora também ainda não seja um assunto fartamente discutido, já é possível encontrar um número maior de reflexões e pesquisas, publicadas em periódicos especializados e/ou apresentados em eventos científicos.[11] Estes estudos têm em comum o fato de se originarem nas discussões das relações de gênero e por utilizarem fundamentalmente a homofobia e o heterossexismo como conceitos centrais de análise. Homofobia é entendida como: "O medo de sentimentos de amor por indivíduos do próprio sexo e por conseguinte o ódio desses sentimentos em outras pessoas".[12] Já heterossexismo é definido por Lenskyj (1991, p. 62), como:

> *a visão que a heterossexualidade é a norma para todas as relações sociais/sexuais...a institucionalização da heterossexualidade em todos aspectos da sociedade – incluindo a discriminação legal e social contra homossexuais e a negação dos direitos homossexuais enquanto um interesse político.*

Na realidade social, estes conceitos são perpetuados basicamente pelas instituições sociais, entre elas os sistemas educacionais, escolares e não-escolares, e, logo, também pelo profissional que ocupa o papel de professor, técnico, recreador etc. De fato, estudos mostram que não têm sido incomum manifestações de discriminação

---

[11] Helen Lenskyj (1991), por exemplo, afirma que pelo menos quatro organizações no Canadá e nos Estados Unidos têm demonstrado grande interesse pelo assunto: Women's Sports Foundation (desde 1983); Canadian Association for the Advancement of Women and Sport (desde 1985); American Alliance for Health, Physical Education and Recreation (desde 1987); e Canadian Association for Health, Physical Education and Recreation (desde 1988). Maiores informações podem ser obtidas em: LENSKYJ, Helen. Combating homophobia in sport and physical education. *Sociology of Sport Journal*, nº 8, 1991, p. 61-69.

[12] LORDE, A. *Sister outside*. Nova York: Crossing Press, 1984. p. 45.

contra homossexuais na escola, no clube, nas academias de ginástica e no que os autores internacionais denominam recreação comunitária. Esta discriminação aparece de várias formas, desde agressões e espancamentos até injúrias e ofensas verbais, observáveis na forma de apelidos desmerecedores e estereotipados, ligados ao modo de ser, de se vestir e de agir dos homossexuais, considerados inevitavelmente como indivíduos fracos, "cheios de frescura", incapazes de praticar uma atividade física/esportiva, a não ser que esta seja considerada uma atividade "feminina", como a dança. Dois dos entrevistados[13] deixam isto bem claro ao declarar que desde sua infância:

> *[...] já tinha discriminação, já tinha preconceito, já tinha o apelido, já tinha o estereótipo. "A rosinha!", "O viadinho!", "Ele é efeminado!""[...] comumente a gente se cala. A gente fica calado, a gente tem medo que as outras pessoas até ouçam você falar, porque elas vão... te encarnar [...] Você vai ser encarnado, vai ser chacoteado* (ENTREVISTA 1).

> *Tinha medo. Medo de ser agredido, eu sabia que ia sofrer o preconceito. O maior medo era de ser agredido pelas pessoas* (ENTREVISTA 2).

---

[13] Não adotaremos qualquer forma de identificação dos entrevistados em respeito a solicitação deles.

É interessante observar que alguns dos estereótipos acerca dos homossexuais foram descaracterizados de acordo com as entrevistas. Elas, por exemplo, mostraram claramente que nas brincadeiras realizadas durante a infância e adolescência nos grupos da rua e da escola, poucos eram os homossexuais que gostavam de atividades "típicas das meninas", tais como "brincar de boneca" e de "comidinha". Por trás da não-participação em atividades "típicas dos meninos" parece existir uma clara manifestação de preconceito e discriminação com aqueles que não apresentam um comportamento "modelar" masculino,[14] mesmo se eles apresentassem boa habilidade em alguma atividade.

> *[...] eu era o máximo no pingue-pongue. Mas eu era o máximo entre aspas, eu era o máximo para mim, para as pessoas não, por causa da sexualidade. Quer dizer, "Viado! Esse viado jogando aqui ?"... o domínio da mesa era dos meninos, o domínio é dos meninos* (ENTREVISTA 1).

Enfim, o estereótipo acerca das brincadeiras não se justifica e o que se apresenta é um quadro muito mais complexo. Não é o homossexual que não gosta de praticar as atividades, mas existe uma série de fatores que o impede, afasta-o das atividades.

---

[14] Peter Fry e Edward MacRae (op. cit) afirmam que desde a mais tenra idade os homens são preparados para serem "... fortes, trabalhadores capazes de sustentar sua família, interessados em futebol e outras atividades definidas como masculinas e, sobretudo, não deveriam chorar"(p. 41).

O professor de educação física contribui muitas vezes no estabelecimento do preconceito e da discriminação, reforçando os estereótipos existentes por meio de seu discurso[15] ou até mesmo impedindo homossexuais de frequentar suas atividades. Existem também os professores que embora não tenham explicitamente tais comportamentos, não tomam nenhuma atitude efetiva para impedir as discriminações por parte dos outros alunos. Logo, acabam sendo cúmplices do escárnio e da violência para com homossexuais ou para com aqueles que tem comportamento não exatamente igual ao que a sociedade estabeleceu como masculino.

Entre os entrevistados, os posicionamentos a respeito da educação física e da figura do professor no tratamento para com os homossexuais nos demonstrou um quadro alarmante. A educação física foi considerada uma das disciplinas mais discriminadoras do espaço escolar:

> *era como se eu não existisse [...] como eu não era o que jogava bem [...] o que corria bem [...] na educação física, era como se eu não existisse, eu era mais uma peça que estava ali, que tinha se encaixado num time ou numa brincadeira* (ENTREVISTA 5).

---

[15] Não são incomuns frases do tipo " tente jogar como homem", "deixa de frescura, parece uma mulherzinha" ou "nem parece um homem jogando, assim você parece uma frutinha".

Na verdade, o professor de educação física foi apontado entre os grandes responsáveis por este processo discriminatório e preconceituoso. Seja na escola...

> *Eu fiquei isento, sabia? O professor me isentou [...] eu não fiz educação física. Eu era o "rosinha", eu era o "mariquinha" [...] Ele me prejudicou em outras aulas, em outras matérias... porque ao levar para os meninos que eu era a "rosinha", que eu não ia aguentar aquela bola de dois quilos, de três quilos..., os meninos levavam isso aí para a sala de aula [...] eu queria ter ouvido o que os outros meninos ouviam, eu não queria a discriminação, eu queria ser eu, eu queria praticar a aula, queria fazer todos os exercícios, nunca me recusei a fazer qualquer coisa [...] eu fui tolhido disso. Me tiraram o direito de fazer isso. Quem dita as normas na escola é o professor e a gente tem que cumpri-las* (ENTREVISTA 1).

ou seja fora da escola...

> *[...] cheguei a ir para academias. E não mudou nada, a coisa era a mesma [...] porque se ele me ver homossexual ele vai fazer comigo o que ele faz com os outros, que ele próprio picha comigo não saben-*

> *do que eu sou [...] O que acontece? Você sai da academia, porque você perde espaço[...] você não está sendo você, não está sendo autêntico ali dentro. Isso acontece na academia também* (ENTREVISTA 6).

Os entrevistados apontaram também que a educação física escolar e o professor foram um dos principais responsáveis para o seu futuro afastamento das atividades físicas/esportivas fora da escola:

> *O professor tem uma grande parcela de culpa aí nessa história [...] Eu gosto dessa coisa do esporte, eu curto essa coisa do esporte. Mas com certeza frustrado [...] porque você não me vê jogando um vôlei na beira da praia [...]* (ENTREVISTA 1).

Apesar de o afastamento da maioria dos homossexuais entrevistados das atividades físicas/esportivas, alguns ainda tiveram experiências na área, invariavelmente sendo vítimas de preconceitos e discriminações. Na verdade, o espaço para sua prática

> *[...] é bem fechado [...] se eu quiser ir remar, ser um atleta do remo e assumidamente gay, não vai dar certo [...] ou eu vou ter que me camuflar, me esconder, para ser um atleta do remo, que faz, que treina com os outros*

heteros, para ser um desportista, ou eu não vou poder fazer remo (ENTREVISTA 2).

Aos entrevistados que ainda hoje praticam estas atividades, só acabam restando os espaços exclusivamente frequentados por homossexuais e/ou simpatizantes.

[...] Vôlei, eu tenho que ir lá para a "bolsa" a praia gay.[16] *Ou tenho um grupo de amigos, que a gente chama de simpatizante, que me abram a guarda para eu poder jogar uma partida. Fora isso você não joga nunca* (ENTREVISTA 1).

Isto, no entanto, não é visto como uma solução para o problema. Os entrevistados apontaram que o ideal seria que eles pudessem praticar sua atividade em qualquer local, independentemente de opção sexual. Eventos como as "Olimpíadas Gays" foram citados como importantes, já que abrem espaço para os homossexuais e podem conscientizar as pessoas no sentido de atenuar o preconceito e a discriminação, mas também são eles próprios preconceituosos e discriminadores.

[...] é uma coisa interessante porque você mostra para o mundo que o gay é

[16] A "bolsa" é uma parte da praia de Copacabana frequentada por grande número de homossexuais. Devido a esta frequência, os homossexuais têm mais liberdade para se comportarem de acordo com seus hábitos e vontades.

uma pessoa normal, a única diferença é que gosta de fazer amor com pessoas do mesmo sexo (ENTREVISTA 7).

[...] eu acho que é uma discriminação também. Porque não tinha que ter olimpíadas gays, tinha que ter olimpíadas e os gays poderiam participar das olimpíadas. Independente de opção, de determinação sexual (ENTREVISTA 5).

Estes comportamentos homofóbicos acabam por relegar aos homossexuais um plano diferenciado, que os fazem esconder seus sentimentos e sua forma de ser, já que temem os diversos tipos de agressão. Temem também que sua carreira esportiva (para os atletas de alto nível) ou sua participação nas brincadeiras do grupo sejam prejudicadas. Muitos são mesmo levados a apresentarem "credenciais heterossexuais", como uma relação forjada ou não desejada com indivíduo do sexo oposto.

Zé Roberto (1986),[17] famoso jogador do futebol carioca na década de 70, ao comentar sua vida no futebol profissional, afirma:

No futebol, posso garantir a vocês, homossexual não sobrevive jogando. Pode até existir, mas ideologicamente, sem raspar a perna ou cruzá-la, delicadamente, para apoiar o cotovelo enquanto conversa.

---

[17] ROBERTO, Zé. *Futebol: a dor de uma paixão.* Rio de Janeiro: Editora Núcleo-3, 1986. p. 42.

Zé Roberto (1986, p. 43) continua abordando a questão referendando um exemplo que várias vezes é utilizado para justificar o afastamento de homossexuais da prática esportiva:

> *Tampouco o ambiente carregado de indelicadezas permitiria que alguém, sem fazer alarde ou despertar suspeitas, desfilasse nu pelas duchas de um vestiário sem deslizar por delicadas atitudes.*

É interessante observar os estereótipos por trás das considerações do autor. O homossexual é sempre visto como delicado, incapaz de ter atitude normal e respeitável. Além disso, subliminarmente, existe uma concepção de que estaria sempre pronto a bolinar os atletas nus, tal como se fosse um tarado insaciável. Zé Roberto (1986, p. 43) ainda ratifica mais as observações anteriores:

> *Há inclusive uma patrulha fisiológica...: o jogador que passa dos 30 e ainda não casou, começa a ser alvo de gracinhas do grupo, que encara o matrimônio como uma irrefutável prova de comprometida virilidade.*

Dificuldades dessa natureza também são sentidas por professores (e professoras) homossexuais, fadados a esconder sua homossexualidade já que são um "péssimo exemplo" para as crianças, não possuem "postura moral adequada" ou até mesmo podem ser acusados de utilizar sua situação para recrutar jovens e crianças para suas práticas sexuais, um mito bastante presente em torno da figura do homossexual. Tem assim que se esconder, se desejarem manter o emprego (LENSKYJ, 1991).

Na verdade, segundo Anne Flintoff,[18] a discriminação na educação física e no esporte é construída em cima de uma imagem estereotipada que reforça a identidade masculina dessas práticas culturais. Logo, a homossexualidade e a feminilidade são utilizadas como referências negativas.

Lenskyj referenda essa posição ao perceber que o grande desafio das mulheres no esporte é ocupar um espaço legitimado enquanto um espaço masculino. Na verdade, elas não são aceitas como mulheres, mas sim como "homens honorários". A autora percebe inclusive como as próprias pesquisas no campo do esporte reforçam os preconceitos homofóbicos.

Enfim, o preconceito e a discriminação foram fartamente identificados nos depoimentos de nossos entrevistados, referendando algumas posições e constatações de estudos internacionais. Queremos, no entanto, adendar uma reflexão que a nosso ver torna o problema mais grave na realidade nacional. Ao compararmos o Brasil com outros países, principalmente os Estados Unidos, veremos que o preconceito e a discriminação parecem ser maiores, fruto da constituição cultural de nossa sociedade, da recência de discussões dessa natureza e da menor existência de grupos

---

[18] FLINTOFF, Anne. Sexism and homophobia in physical education: the challenge for teacher educators. *Physical Education Review*, vol. 17, nº 2, 1994, p. 97-105.

organizados de homossexuais. Possivelmente os impedimentos para a prática de atividades físicas/esportivas ainda devem ser maiores no Brasil.

Conclusão

Deve-se ressaltar que embora tenham aumentado muito as preocupações com as classes mistas, com a coeducação e com as relações de gênero no contexto da prática de atividades físicas/esportivas, as preocupações no que se refere aos preconceitos e às discriminações para com homossexuais ainda não são fartamente observáveis, principalmente no Brasil. Estas questões devem-se constituir em um grande desafio para os professores de educação física. Não pode existir uma preocupação social legítima sem que se considere os homossexuais enquanto indivíduos que merecem ter uma prática de atividades físicas/esportivas não discriminatória e não isolada dos heterossexuais. Os professores não podem mais deixar de considerar estes indivíduos como merecedores de sua atenção.

M. Talbot[19] sugere que três estágios devem ser considerados na abordagem do assunto. Primeiro, o assunto deve-se tornar visível. Segundo, deve ser legitimado e visto como assunto importante e significativo. Por fim, os apontamentos devem resultar em uma ação objetiva. Não é nosso objetivo neste texto encerrar as discussões em torno do assunto. Mas com os resultados

---

19 TALBOT, M. "Equal opportunities and physical education". In: ARMSTRONG, N. *News directions in physical education*. Leed: Human Kinetics, 1990.

de nossa pesquisa esperamos colocá-lo nas pautas de discussões (torná-lo visível); esperamos estar dando os primeiros passos no sentido de torná-lo reconhecido como importante (legitimá-lo) e, pretensiosamente, dar alguns indicadores iniciais para os profissionais em seus campos de atuação (contribuir objetivamente para a atuação).

Gostaríamos de concluir com uma citação de um dos entrevistados, que bem pode resumir todo o sentido deste estudo:

> *Porque eu não era nada daquilo que eles me chamavam. Eu não era "rosinha", eu não era "mariquinha", eu apenas era eu. E era tudo que eu queria dentro da educação física, dentro da prática do esporte, era ser eu. Não sei porque eu não consigo estourar a bola em cima com um cara cortando, não sei, enfim, não sei o que me faz ser menos homem do que vocês. Eu sou tão homem quanto vocês, para qualquer outra atividade. Só tem um jeito diferente, gostar de outro homem, só isso, mas sou tão homem quanto qualquer outro. Não tenho deficiência nenhuma, nem dificuldade em ser pessoa.*
> (ENTREVISTA 1).

Bibliografia

ALVES JÚNIOR, Edmundo de Drummond. Uma nova velhice, o exemplo da Universidade do Tempo Livre de Rennes. In: WERNECK, Christianne Luce Gomes et al (orgs.). Encontro Nacional de Recreação e Lazer, 9, Belo Horizonte, 1997a. *Coletânea*. p. 347-356.

ARAÚJO, Rosa Maria Barboza de. *A vocação do prazer — a cidade e a família no Rio de Janeiro republicano*. Rio de Janeiro: Rocco, 1993.

BARREIRO, José Carlos. E. P. Thompson e a historiografia brasileira: revisões críticas e projetos. *Revista Projeto História*, São Paulo, n. 12, p. 57-75, out./1995.

BÉJA, Jorge. Prefácio. In: LOPES, Geraldo. *O sistema: corrupção e violências nas penitenciárias brasileiras*. Rio de Janeiro: Razão Cultural, 2000.

CALEGARI, Kátia Cristina. Novos olhares sobre o lazer e aposentadoria. In: SOUZA, Eustáquia Salvadora de et al. (orgs.). Congresso Brasileiro de Ciências do Esporte, 10, Goiânia, 1997. *Anais*. p. 992-995.

CAMARGO, Luiz Octávio de Lima. A co-educação de gerações. In: WERNECK, Christianne Luce Gomes et al (orgs.). Encontro Nacional de Recreação e Lazer, 9, Belo Horizonte, 1997. *Coletânea*. p. 120-129.

CANTELON, Hart; HOLLANDS, Robert (eds.). *Leisure, sport and working class cultures*. Toronto: Canadian Press, 1988.

________ History and theory: some preliminary points of Departure for Studies of Working Class Cultures. In: CANTELON, Hart, HOLLANDS, Robert (eds.). *Leisure, sport and woking class cultures*. Toronto: Canadian Press, 1988.

CAVALCANTI, Kátia Brandão. *EPT: um discurso ideológico*. São Paulo: Ibrasa, 1985.

CUNHA, Maria Clementina Pereira da. "Você me conhece? Significados do carnaval na Belle Époque carioca". *Projeto História*, São Paulo, n.13, p. 93-108, jun./1996.

CUNHA JÚNIOR, Carlos Fernando Ferreira da. O estudo de gênero do projeto IMMA: as expectativas masculinas da turma de 1996/2. In: FARIA Júnior, Alfredo Gomes de (org.). Seminário Internacional de Atividades Físicas para a Terceira idade, 1, Rio de Janeiro, 1996. *Anais*.

________ *Atividades físicas, brincadeiras e sexismo: as experiências de um grupo de idosos/as*. Dissertação (Mestrado em Educação). Rio de Janeiro: UERJ, 1997.

__________ Diversidade cultural, lazer e relações de gênero: as experiências de alunos/as do projeto Idosos em Movimento Mantendo a Autonomia. In: WERNECK, Christianne Luce Gomes et al (orgs.). Encontro Nacional de Recreação e Lazer, 9, Belo Horizonte, 1997. *Coletânea*. p. 82-89.

DAMATTA, Roberto. *Carnavais, malandros e heróis: para uma sociologia do dilema brasileiro*. Rio de Janeiro: Zahar, 1981.

DELEUZE, Gilles; GUATTARI, Félix. *L'Anti -Oedipe*. Paris: Editions de Minut, 1972.

DERRIDA, Jacques. *L'ecriture et la difference*. Paris: Editions de Minut, 1967.

DESAN, Suzanne. Massas, comunidade e ritual na obra de E.P. Thompson e Natalie Davis. In: HUNT, Lyhn. *A nova história cultural*. São Paulo: Martins Fontes, 1992.

DESTEFANI, Andréa; GRILLO, Maria de Fátima S. Resposta e reflexo — dois tipos de resultados e suas peculiaridades. In: MARCELLINO, Nélson Carvalho (org.). *Políticas públicas setoriais de lazer: o papel das prefeituras*. Campinas: Autores Associados, 1996.

DOMINGUES, Fabiane. *Esporte e atividade física no sistema penitenciário*. Rio de Janeiro: UERJ, 1995. Memória (Licenciatura em Educação Física).

DUMAZEDIER, Joffre. *Valores e conteúdos culturais do lazer*. São Paulo: Sesc, 1980.

_________. *A revolução cultural do tempo livre*. São Paulo: Sesc/Nobel, 1994.

EDMUNDO, Luís. *O Rio de Janeiro do meu tempo*. Rio de Janeiro: Conquista, 1957.

EFFTING, Elizabeth Quintiliano May. *Lazer para idosos aposentados: divergências de objetivos entre instituições e clientela*. Dissertação (Mestrado em Educação Física). Rio de Janeiro: UGF, 1994.

ESCÓSSIA, Fernanda da. Jovem vive entre tráfico e desemprego. *Folha de São Paulo*, São Paulo, caderno Cotidiano, p. 6-3, 6 fev. 2000.

FARIA JÚNIOR, Alfredo Gomes de. Lazer e turismo para a terceira idade. In: ________ et al. *Atividades físicas para a terceira idade*. Brasília: Sesi-DN, 1997.

__________. A mulher idosa e as atividades físicas sob o enfoque multicultural. In: ROMERO, Elaine (ed.). *Mulheres em movimento*. Vitória: Ed. Ufes, 1997.

FENELON, Déa Ribeiro. E. P. Thompson: história e política. *Revista Projeto História*, São Paulo, n. 12, p. 77-93, out.1995.

FLINTOFF, Anne. Sexism and homophobia in physical education: the challenge for teacher educators. *Physical Education Review*, vol.17, nº 2, p. 97-105,1994.

FONSECA, Ingrid Ferreira. El profesor de Educación Física y su actuación en el area del tiempo libre: relaciones históricas y problemas contemporáneos. *Revista Nexo*, Montevideu, n.171, jun.1997.

FRY, Peter; MacRAE, Edward. *O que é homossexualidade*. São Paulo: Brasiliense, 1991.

GARCIA, María Jesús Morata. Animación sociocultural y desarrollo comunitario. In: TRILLA, Jaume (coord.). *Animación sociocultural: teorías, programas y ámbitos*. Barcelona: Ariel Educación, 1997.

GIDDENS, Anthony. A longevidade da adolescência. *Folha de São Paulo*, São Paulo, caderno Mais, p. 30-31, 2 jan. 2000.

GILLAIN, Anne (org.). *O cinema segundo François Truffaut*. Rio de Janeiro: Nova Fronteira, 1990.

HOLT, Richard (org.). *Sport in the working class in modern Britain*. Manchester: Manchester University Press, 1990.

HUNT, Lyhn. *A nova história cultural*. São Paulo: Martins Fontes, 1992.

JONES, Gareth Stedman. Expresion de clase o control social? Critica de las ultimas tendencias de la historia social del 'ocio'. In: ________. *Lenguajes de clase. Estudios sobre la historia de la clase obrera inglesa (1832-1982)*. Madri: Siglo Veintiuno, 1989.

JONES, Stephen G. *Sport, politics and the working class*. Manchester: Manchester University Press, 1992.

KRUGER, Arnd, RIORDAN, James (orgs.). *The story of worker sport*. Champaign: Human Kinetics, 1996.

LEAL, João Carlos. Classe média violenta. *Jornal do Brasil*, Rio de Janeiro, caderno Cidade, p.17, 20 fev. 2000.

LENSKYJ, Helen. Combating homophobia in sport and physical education. *Sociology of Sport Journal*, nº 8, p.61-69, 1991.

LEONARD, W. Blacks in Sports. In: WIDMEYER, W. Neil. *Physical Activity and the Social Sciences*. Woodstock: Mouvement Publications, 1983.

LINHALES, Meily Assbú. Lazer, cidadania e qualidade de vida: reflexões acerca da possibilidade de liberdade e de ação política. *Licere*, Belo Horizonte, v. 2, nº 1, p.19-30, 1999.

LOBO, Eulalia Maria Lahmeyer, STOTZ, Eduardo Navarro. Flutuações cíclicas da economia, condições de vida e movimento operário - 1880 a 1930. *Revista do Rio de Janeiro*, Rio de Janeiro, v. 1, nº 1, p.61-86, dez.1985.

LORDE, A. *Sister outside*. Nova York: Crossing Press, 1984.

LUPTON, Deborah. Corpos, prazeres e práticas do eu. *Educação e Realidade*, Porto Alegre, v. 25, nº 2, p.15-48, jul.-dez. 2000.

LYOTARD, Jean François. *La Condition PostModerne*. Paris: Editions de Minut, 1979.

MACHADO, Marcelo da Silva. O esporte e o lazer na construção da cidadania. *ENCONTRO NACIONAL DE RECREAÇÃO E LAZER*, 6, Brasília, 1994. *Coletânea de resumos e programação*.

MAGNANI, José Guilherme Cantor. *Festa no pedaço*. São Paulo: Hucitec, 1998.

MAIRAN, Paulo. A poesia por trás das grades. *Jornal do Brasil*, Rio de Janeiro, caderno "Cidade", p.18, 2 de julho de 2000.

MARCELLINO, Nélson Carvalho. Pressupostos de ação comunitária - estruturas e canais de participação. In: MARCELLINO, Nélson Carvalho (org.). *Políticas públicas setoriais de lazer: o papel das prefeituras*. Campinas: Autores Associados, 1996.

MARINHO, Inezil Penna. *Sistemas e métodos de educação física.* Rio de Janeiro: [s.n.], 1953.

MARTINS, Ana Cecília. Verso da realidade. *Jornal do Brasil*, Rio de Janeiro, caderno B, p.1, 1 jun. 2000.

MARTINS, Ana Cecília. Escolta na Gravação. *Jornal do Brasil*, Rio de Janeiro, caderno B, p. 2, 1 jun. 2000.

MELO, Marcelo Paula de. *Políticas públicas de Esporte/Lazer em São Gonçalo: uma análise crítica da atuação da Semel/SG.* Rio de Janeiro: UFRJ/EEFD, 2001. Memória (Bacharelado em Educação Física).

MELO, Victor Andrade de. História da educação física e do esporte. São Paulo: Ibrasa, 1999.

______________; *Cidade Esportiva.* Rio de Janeiro: Relume Dumará, 2001.

MORAES, Aparecida Fonseca. *Mulheres da Vila: prostituição, identidade social e movimento associativo.* Petrópolis: Vozes, 1995.

MORADIA: escândalo social. In: PIRES, Adilson. *O Rio das desigualdades: Zona Oeste, exclusão e cidadania.* Rio de Janeiro: Partido dos Trabalhadores, 1996.

MOURA, Roberto. *Tia Ciata e a pequena África no Rio de Janeiro.* Rio de Janeiro: Secretaria Municipal de Cultura, 1995.

NEEDELL, Jeffrey D. *Belle Époque tropical*. São Paulo: Companhia das Letras, 1993.

OBALUAÊ, Neninho de. *Beco sem saída: eu vivi no Carandiru*. Rio de Janeiro: Rosa dos Tempos, 1999.

OHATA, Eduardo. Detentos são banidos de campeonato. *Folha de São Paulo*, São Paulo, caderno "Esporte", p.12, 19 mar. 2000.

OSORIO, Agustin Requejo. Animación sociocultural en la tercera edad. In: TRILLA, Jaume (coord.). *Animación sociocultural: teorías, programas y ámbitos*. Barcelona: Ariel, 1997.

PAIVA, José Luís de. Deflagrando uma ação de lazer. In: MARCELLINO, Nélson Carvalho (org.). *Políticas públicas setoriais de lazer: o papel das prefeituras*. Campinas: Autores Associados, 1996.

PALMER, Bryan D. *Edward Palmer Thompson: objeções e proposições*. Rio de Janeiro: Paz e Terra, 1996.

PARKER, Stanley. *Sociologia do lazer*. Rio de Janeiro: Zahar, 1978.

PEREIRA FILHO, José Ribamar. *Políticas públicas de esporte e lazer: o caso da Favela da Maré*. Dissertação (Mestrado em Educação Física). Rio de Janeiro: Universidade Gama Filho, 1999.

PICART, Toni Puig. Gestionemos la cultura de la ciudad con los ciudadanos. In: TRILLA, Jaume (coord.). *Animación sociocultural: teorías, programas y ámbitos*. Barcelona: Ariel Educación, 1997.

POBREZA atinge 24 milhões de jovens. *Jornal do Brasil*, Rio de Janeiro, caderno Brasil, p. 4, 18 dez. 1999.

RABHA, Nina Maria de Carvalho E. Cristalização e resistência no centro do Rio de Janeiro. *Revista do Rio de Janeiro*, Rio de Janeiro, v. 1, nº 1, p. 35-43, dez. 1985.

RAGO, Margareth. *O prazeres da noite. Prostituição e códigos de sexualidade feminina em São Paulo (1890-1930)*. Rio de Janeiro: Paz e Terra, 1991.

__________ *Do cabaré ao lar. A utopia da cidade disciplinada*. Rio de Janeiro: Paz e Terra, 1997.

ROBERTO, Zé. *Futebol: A dor de uma paixão*. Rio de Janeiro: Editora Núcleo-3, 1986.

ROUANET, Sérgio Paulo. *As razões do iluminismo*. São Paulo: Companhia das Letras, 1987.

SALGADO, Marcelo. *Velhice, uma nova questão social*. São Paulo: Sesc, 1982.

SALLES, Eugênio. Domingo, uma festa primordial. *Jornal do Brasil*, Rio de Janeiro, primeiro caderno, ano CVIII, n.158, p.7, 13 set. 1998.

SANTOS, Milton. Da cultura à indústria cultural. *Folha de São Paulo*, São Paulo, caderno Mais, p.18, 19 mar.2000.

SOIHET, Rachel. *A subversão pelo riso — estudos sobre o carnaval carioca da Belle Époque ao tempo de Getúlio.* Rio de Janeiro: Editora da Fundação Getúlio Vargas, 1999.

TALBOT, M. Equal opportunities and physical education. In: ARMSTRONG, N. *News directions in physical education.* Leed: Human Kinetics, 1990.

THOMPSON, E. P. *A miséria da teoria.* Rio de Janeiro: Zahar, 1981.

________ *A formação da classe operária inglesa.* 3 v. Rio de Janeiro: Paz e Terra, 1987a.

________ *Senhores e caçadores: a origem da lei negra.* Rio de Janeiro: Paz e Terra, 1987b.

________ O tempo, a disciplina do trabalho e o capitalismo industrial. In: SILVA, Thomaz Tadeu da. *Trabalho, educação e prática social.* Porto Alegre: Artes médicas, 1991.

VALENÇA, Rachel. *Palavras de purpurina. Estudo linguístico do samba-enredo (1972-1982).* Dissertação de Mestrado. Niterói: Universidade Federal Fluminense, 1984.

VARELLA, Drauzio. *Estação Carandiru*. São Paulo: Companhia das Letras, 1999.

VIEIRA, Cláudio. A reforma. *O Dia*, Rio de Janeiro, coluna "Romance Policial", p.16, 23 maio 2000.

VENTURA, Zuenir. Um meio elogio à meia idade. *Jornal do Brasil*, Rio de Janeiro, caderno B, ano CVIII, n.157, p.10, 12 set.1998.

Biografia

Victor Andrade de Melo nasceu em 1971, na cidade do Rio de Janeiro. É doutor em Educação Física e professor da Escola de Educação Física da Universidade Federal do Rio de Janeiro, ministrando disciplinas ligadas à área de lazer. Publicou artigos em periódicos nacionais e internacionais. É atualmente coordenador do Centro de Memória da referida instituição, bem como do Grupo de Pesquisa "Lazer e Minorias Sociais". É autor dos livros *Bibliografia brasileira sobre história da educação física e do esporte* (em conjunto com Patrícia Genovez, Editora da UGF, 1998), *História da educação física e do esporte no Brasil* (Editora Ibrasa, 1999) e *Cidade esportiva* (Editora Relume Dumará, 2001).

www.renovagraf.com.br